普通高等教育"十一五"国家级规划教材

U0653179

德语论文写作
Lehrbuch zum wissenschaftlichen Arbeiten

孔德明　Kristina Binder　张辛仪　编著

南京大学出版社

前　言

　　《德语论文写作》供大学本科四年级学生以及硕士研究生使用。本书针对德语专业学生撰写课程论文（Seminararbeit）及毕业论文（Abschlussarbeit）书面表达的需要，为学习者提供系统的入门指导和训练方法，帮助他们掌握课程论文以及学术毕业论文的基本要领和写作技巧。

　　本教材设置了10个单元，内容包括对论文的界定、选题方法、文献研读、研究过程、论证手段以及提纲的制定、论文的组织、文献引用、语法与文体要求、初稿的写作与论文的修改等。本教材以学习者为中心，以论文撰写步骤为主线，从定题到论文全稿完成，逐步展开、环环相扣。书中的陈述简单明了，不仅直接运用了学生论文作为范例，而且丰富多样的练习直接与学生自己论文的进度相结合，把写作理论和写作实践高度统一起来。

　　本书在编写和编排中得到上海新东方阎振江博士的大力支持和热心帮助，对此我们深表感谢。同时，对南京大学德语系德籍教师Dietmar Mehrens博士对试用课文提出的修改建议以及德语系学生为本教材提供自己的论文习作也一并表示感谢。

编者

2009年11月20日

Vorwort

Das Lehrbuch zum wissenschaftlichen Arbeiten ist gedacht für Studenten im Hauptstudium sowie für Magisterstudenten. Entsprechend dem Bedarf und den Schwierigkeiten der Germanistikstudenten beim Verfassen ihrer Seminar- oder Abschlussarbeit liefert dieses Buch eine systematische Einführung und Trainingsaufgaben für die Studierenden, um ihnen zu helfen, sich die Grundmethoden und die Schreibtechniken für das Verfassen der Seminararbeit bzw. der wissenschaftlichen Abschlussarbeit anzueignen.

Dieses Lehrbuch enthält zehn Kapitel: Definition der wissenschaftlichen Arbeit, Auswahl und Eingrenzung des Themas, Lesen der Forschungsliteratur, Forschungsmethoden, Arbeitsschritte der Analyse, Argumentationsmethoden, Erstellen der Gliederung, Aufbau der Arbeit, Zitieren der Forschungsliteratur, grammatische und stilistische Anforderungen, Anfertigen der ersten Fassung, Korrektur und Verbesserung der Arbeit usw. Da es sich an Studierende wendet, folgt dieses Lehrbuch als Leitfaden den einzelnen Arbeitschritten beim Verfassen einer wissenschaftlichen Arbeit. D.h.: Gemäß dem Fortgang einer wissenschaftlichen Arbeit werden die einzelnen Schritte von der Auswahl des Themas bis zur Endfassung der Arbeit nacheinander vorgestellt und dargelegt. Dieses Buch ist in einer leicht verständlichen Sprache geschrieben und macht klare Aussagen, es verwendet studentische Arbeiten als Beispieltexte und bietet reichhaltige Übungen zum Verfassen einer wissenschaftlichen Arbeit, sodass die Schreibtheorie mit der Schreibpraxis gut verbunden sind.

Hiermit bedanken wir uns ganz herzlich bei Herrn Dr. Yan Zhenjiang für seine großartige Unterstützung beim Verfassen und bei der Layoutzusammenstellung dieses Buches. Herrn Dr. Dietmar Mehrens,dem DAAD-Lektor danken wir für seine Verbesserungsvorschläge, dankbar sind wir auch den Germanistikstudenten der Universität Nanjing, dass sie ihre Aufsätze und Arbeiten als Beispieltexte für dieses Lehrbuch zur Verfügung gestellt haben!

Verfasserinnen
Nanjing, 20.11.2009

Inhaltsverzeichnis

Kapitel 1

Einführung zum wissenschaftlichen Arbeiten

Lernziele

In diesem Kapitel steht die Frage im Vordergrund, was „wissenschaftliches Arbeiten" überhaupt bedeutet.

1. Welche Textsorten kann man als „wissenschaftlich" bezeichnen, welche nicht?
2. Welche Kriterien für Wissenschaftlichkeit gibt es?
3. Was muss man beim Verfassen wissenschaftlicher Arbeiten beachten?

---

1. Was bedeutet „wissenschaftlich arbeiten"?

Jeder, der an der Universität studiert, wird früher oder später wissenschaftlich arbeiten. Überlegen Sie sich bitte, was Sie unter „wissenschaftlich arbeiten" verstehen. Beantworten Sie dann folgende Fragen.

☞ **Übung 1**

Welche der folgenden Textsorten würden Sie als „wissenschaftliche Textsorten" bezeichnen? Klären Sie die Begriffe und kreuzen Sie dann bitte an:

☐ *a) Protokoll*   ☐ *e) Seminararbeit*   ☐ *i) Handout*

☐ *b) Leserbrief*   ☐ *f) Inhaltsangabe*   ☐ *j) Doktorarbeit*

☐ *c) Goethes „Faust"*   ☐ *g) Nacherzählung*   ☐ *k) Aufsatz*

☐ *d) Unizeitung*   ☐ *h) Bachelorarbeit*   ☐ *l) Grammatikübung*

☞ **Übung 2**

Begründen Sie Ihre Zuordnung von Übung 1. Warum halten Sie die jeweilige Textsorte für einen wissenschaftlichen Text, warum nicht.

Beispiel:

a) Das Protokoll ist eine wissenschaftliche Textsorte, da alle Angaben von den Teil-nehmern nachprüfbar sind und weil der Text sachlich ist.

b) Die Seminararbeit ..._____

c)_____

_____

Nach Umberto Eco (1993, 40ff.) gibt es mehrere Kriterien, die einen wissenschaft-lichen Text auszeichnen. So erwähnt er, dass die Untersuchung einen erkennbaren Gegenstand fest umreißen soll. Dieser muss auch für Dritte erkennbar sein. Die Untersuchung soll außerdem Dinge aussagen, die entweder noch nie gesagt wurden oder nun aus einem neuen Blickwinkel betrachtet werden. Überdies muss die Unter-suchung einen Nutzen für andere haben. Als letztes Kriterium nennt Eco, dass die Analyse nachprüfbar sein muss. Der Leser muss selbst entscheiden können, ob die Hypothesen und Angaben richtig sind, so dass man die Auseinandersetzung in der Öffentlichkeit fortführen könnte.

☞ Übung 3

Welche Kriterien muss also eine wissenschaftliche Arbeit laut Eco erfüllen? Überle-gen und diskutieren Sie mit Ihrem Nachbarn.

Kriterien für Wissenschaftlichkeit sind:

_____

_____

_____

Doch Eco soll hier nur als Hinführung zu einer genaueren Einteilung dienen. Schreibt man wissenschaftliche Texte, so müssen diese **formale**, **inhaltliche**, **sprachliche** und **moralische** Bedingungen erfüllen.

Zu den **formalen Bedingungen** gehört die äußere Form der Arbeit. Es gibt beispiels-weise allgemein gültige Richtlinien für die Schriftgröße, die Schriftart, die Seiten-ränder, das Inhaltsverzeichnis, die Form von Zitaten und Fußnoten, Form und Inhalt des Deckblattes und vieles mehr. Dies alles soll hauptsächlich in Kapitel 4 behandelt werden.

Was den **Inhalt** anbelangt, so geht es in wissenschaftlichen Arbeiten darum, sich kritisch mit anderen, möglichst aktuellen wissenschaftlichen Werken auseinanderzusetzen. Bevor man also eine wissenschaftliche Arbeit schreibt, muss man sich gut informieren, was andere Autoren bereits zu diesem Thema oder ähnlichen Themen geschrieben haben. Hierbei ist es wichtig, dass man auch ganz neue, aktuelle Literatur betrachtet. Man muss/soll nicht zwangsläufig derselben Meinung sein wie die anderen Autoren, sondern kritisch vorgehen und die eigene Ansicht gut begründen. Hierzu zählt auch, eigene, neue Gedanken zu einem Thema zu äußern. Wenn man nur bereits Gesagtes wiederholt, fragt sich der Leser, was der Sinn der Arbeit ist. Die Arbeit muss logisch aufgebaut und gegliedert sein, so dass der Leser den Aufbau der Arbeit und die Gedanken gut verstehen kann.

In **sprachlicher** Hinsicht muss der Autor sich sachlich, exakt und so verständlich ausdrücken, dass der Leser ihn gut verstehen kann. Dem Thema „Wissenschaftssprache" widmet sich Kapitel 8 ausführlich.

Unter den **moralischen** Aspekt fällt, dass Ihre Ergebnisse immer objektiv nachprüfbar sein müssen. Sie dürfen in Ihrer Arbeit nicht lügen oder Gedanken von anderen Autoren stehlen. Wenn Sie Ideen und Ausführungen anderer Autoren verwenden, <u>müssen</u> diese in Form von Zitaten mit Anführungszeichen „" gekennzeichnet werden. Der Leser muss in der Lage sein, genau dieses Zitat in dem angegebenen Buch oder auf der angegebenen Internetseite zu finden. Jedes verwendete Buch, jeder Aufsatz, jede Internetseite muss im Literaturverzeichnis aufgelistet sein. Sie dürfen sich aber niemals mit zu viel Literatur schmücken. Alle Werke, die Sie im Literaturverzeichnis aufgelistet haben, müssen Sie auch wirklich verwendet haben für Ihre Arbeit. Genaueres hierzu findet man hauptsächlich in Kapitel 4.

☞ Übung 4

Fassen Sie nun noch einmal zusammen, worauf Sie beim Verfassen wissenschaftlicher Arbeiten achten müssen. Machen Sie sich Notizen zu folgenden Stichworten:

Form	- Schriftgröße - ... - ...	
Inhalt	- ... - ... - ...	

Sprache	- ...	
	- ...	
	- ...	
Moral	- ...	
	- ...	
	-	

2. Welche Texte sind „wissenschaftliche Texte"?

Sie haben nun herausgefunden, welche Kriterien ein wissenschaftlicher Text grundsätzlich haben muss. Sie können auch klar unterscheiden, welche Texte wissenschaftlich sind und welche nicht.

☞ **Übung 5**

Lesen Sie die folgenden 6 Textabschnitte. Kreuzen Sie an, welcher Textabschnitt zu einem wissenschaftlichen Text gehört, welcher nicht. Nennen Sie dabei auch die Besonderheiten

	Wissenschaftl. Texte	Nicht-wissenschaftl. Texte	Besonderheiten
a			
b			
c			
d			
e			
f	✗		Klarer Forschungsgegenstand; nachprüfbar; sachlich formuliert

a) Eine Einführung soll dem Leser einen ersten Zugang zu einem Fach ermöglichen. Ihr liegt es daran, ein Bewusstsein für dessen zentrale Probleme zu schaffen. Dabei kann Vollständigkeit kein Ideal sein. Diesen Forderungen wird „Deutsch als Fremdsprache" durch eine klare thematische Gliederung und eine übersichtliche Darstellung gerecht. Die Lektüreempfehlungen am Ende jedes Kapitels verstärken den Eindruck einer didaktischen Handreichung an den Leser.

b) Eines Tages verliebt sich der fünfzehnjährige Michael in eine Frau, die 21 Jahre älter ist als er und ihn durch ihre dominante und harte aber auch ihre weiche und geheimnisvolle Art vollkommen fasziniert. Durch sie, Hanna, macht er viele Erfahrungen, sowohl im sexuellen als auch im emotionalen Bereich. Eine ungewöhnliche Liebe entwickelt sich, bei dem der Akt des Vorlesens, Badens und Liebens eine große Rolle spielt. Doch plötzlich verschwindet Hanna und die Beziehung findet ein Ende. So schnell wie alles begann endete es auch.

c) Es kann nun wegen der unterschiedlichen Lebenssituationen und historischen Standorte der Leser nicht ‚die richtige' Interpretation geben. Deshalb muss eine Interpretation nur die formale Bedingung erfüllen, die Kohärenz, den Zusammenhang des Textes sichtbar und einsichtig zu machen. Das wird nur gelingen, wenn man die vielen Einzelergebnisse der Formanalyse in durchgängigen und charakteristischen Textmerkmalen zusammenfassen kann, die von dem besonderen Fall der erzählten Geschichte zu einer allgemeinen Wahrheit führen, um derentwillen die Geschichte erzählt wird und die nicht mehr an die dargestellte konkrete Situation gebunden ist, vielmehr durch sie repräsentiert wird.

d) Eine Ihrer Aufgaben war die Leitung der Fliesenausstellung. Sie berieten unsere privaten Kunden und betreuten die gewerblichen. In dieser Funktion waren Sie wegen Ihrer Gewissenhaftigkeit und Ihrem kontaktfreudigen Wesen sehr erfolgreich.

Auch in dem Tätigkeitsgebiet der Preiskalkulation und der Angebotsentwicklung waren Sie sehr erfolgreich. In dieser verantwortungsvollen Aufgabe bewiesen Sie maximale Zuverlässigkeit und Genauigkeit.

Wenn Ihnen neuen Aufgaben gestellt wurden, fielen Sie immer auf durch eine schnelle Auffassungsgabe und eine überdurchschnittliche Sachkompetenz.

Gern bescheinigen wir Ihnen, dass Sie immer sehr engagiert, fleißig und absolut zuverlässig waren.

Mit Ihren Leistungen waren wir immer überaus zufrieden, ebenso mit Ihrem Verhalten gegenüber Mitarbeitern und Vorgesetzten. Sie werden von Allen wegen Ihrer freundlichen und kooperativen Art sehr geschätzt.

Wir bedauern, dass Sie uns nun verlassen werden.

e) Wie Gunter Eigler (1993: 5) bemerkt, geht das für die weitere Schreibforschung grundlegende Textproduktionsmodell von John Hayes und Linda Flowers (1980) zwar auf den kognitiven Planungs- und Überarbeitsprozess bei der Textproduktion ein, der eigentliche Formulierungsprozess wird allerdings nicht näher beschrieben. Dies ist das spezielle Forschungsgebiet von Carl Bereiter und Marlene Scardamalia (1987). Sie untersuchen vor allem, wie sich das Schreiben von noch nicht schreiberfahrenen Kindern und Erwachsenen von denen erfahrener Textproduzenten unterscheidet, bzw. wie sich die Schreibleistungen entwickeln. Dabei gilt ihr Hauptaugenmerk dem Schreibprozess der jeweiligen Zielgruppe. Sie stellen die These auf, dass es zwei grundsätzlich verschiedene kognitive Textproduktionsmodelle gibt. Unerfahrene Textverfasser produzieren ihre Texte tendenziell nach dem knowledge-telling model, erfahrene dagegen nach dem knowledge-transforming model, wobei das erstere keine einfachere Variante des zweiten darstellt, sondern sich grundlegend von diesem unterscheidet.

f) Eine der wichtigsten Voraussetzungen für die psychoanalytische Literatur-wissenschaft ist Freuds Werk „Die Traumdeutung". Die Träume laufen nach bestimmten Mechanismen ab und im Traum finden sich nicht nur die aus den Tageserlebnissen übrigbleibenden Reste, sondern auch der Ausdruck der unbewußten und verdrängten Phantasien. Viele latente und verdrängte Wün-sche werden im Traum einigermaßen verwirklicht. Auf der Grundlage dieser Theorie der Phantasie entwickelt Freud seine Auffassung von der dichteri-schen Phantasie.

☞ **Übung 6**

Lesen Sie die folgenden zwei Texte. Welche sind wissenschaftlich, welche nicht? Warum sind sie nicht wissenschaftlich? Welche Kriterien können Sie herausfinden?

Text A

Als erste Österreicherin erhält Elfriede Jelinek überraschend den Literatur-Nobel-preis. Die streitbare 57-Jährige sei eine Autorin, „die mit ihrem Zorn und mit Lei-denschaft ihre Leser in den Grundfesten erschüttert", sagte der Sprecher der Schwe-dischen Akademie, Per Wästberg, in Stockholm nach der Bekanntgabe. In ihrer Heimat war Jelinek lange wegen gesellschaftskritischer und als obszön empfundener Romane und Theaterstücke als „Skandal-Autorin" angefeindet worden. Während aus Deutschland fast nur überschwängliches Lob kam, gratulierte Österreichs Regierung mit einer gewissen Zurückhaltung.

„Mit ihren Sprachkunstwerken hält Jelinek Österreich einen Spiegel vor, in den man vielleicht nicht allzu gerne blickt, der aber für unser gesellschaftliches und poli-tisches Leben unverzichtbar geworden ist", erklärte Kunststaatssekretär Franz Morak für die Wiener Regierung und übermittelte Glückwünsche im Namen von Bundes-kanzler Wolfgang Schüssel. Die deutsche Kulturstaatsministerin Christina Weiss war begeistert: Jelineks Texte seien „ein Sprachereignis".

Jelinek ist die zehnte Frau, die den seit 1901 vergebenen Literatur-Nobelpreis er-hält. Zuvor hatte lediglich die Lyrikerin Nelly Sachs 1966 als deutschsprachige Autorin diese Auszeichnung bekommen. Jelinek bezeichnete die Verleihung als „überraschende und große Ehre". Sie werde aber zur Übergabe am 10. Dezember nicht nach Stockholm reisen: „Ich bin nicht körperlich krank, aber psychisch nicht in der Lage, mich dem persönlich auszusetzen." Sie betrachte den Nobelpreis „als Blume im Knopfloch für Österreich".

In der Begründung der Schwedischen Akademie heißt es, Jelinek werde geehrt „für den musikalischen Fluss von Stimmen und Gegenstimmen in Romanen und Dramen, die mit einzigartiger sprachlicher Leidenschaft die Absurdität und zwingende Macht der sozialen Klischees enthüllen".

Rowohlt-Verleger Alexander Fest war auf der Frankfurter Buchmesse sichtlich überrascht. Seine langjährige Autorin zeichne sich durch ihre „unerhörte Sprache" und einen „völlig eigenwilligen Stil" aus. Der Literaturkritiker Marcel Reich-Ranicki war „außerordentlich erfreut" über die Entscheidung für die „äußerst extreme und radikale" Autorin. „Zu Tränen gerührt" war Theatermacher Claus Peymann. Jelinek sei die Kassandra der zeitgenössischen Literatur und des deutschsprachigen Theaters. Peter Handke schwelgte in Superlativen: „Super! Unglaublich! Gewaltig."

Text B

Im Deutschunterricht musste ich mir einmal die Verfilmung des Literaturklassikers „Die Blechtrommel" ansehen und war von da an traumatisiert. Aber wer weiß, vielleicht ist das Original viel besser und ich sollte ihm noch eine Chance geben?

Also habe ich es mir die letzten Wochen noch einmal vorgenommen:

Der kleine Oskar Matzerath aus der Stadt Danzig bekommt zu seinem dreijährigen Geburtstag eine rot-weiße Blechtrommel geschenkt und verwendet diese ab dann als einziges Kommunikationsmittel zur Umwelt. Wird ihm dies entrissen, beginnt er nervtötend zu schreien und sogar Glas damit zu zersprengen. Gleichzeitig hört er auf zu wachsen, er hält sich für vollständig und reif genug und begnügt sich damit, als behindertes Kleinkind unterschätzt zu werden. Aus seiner Sicht beschreibt er das kleinbürgerliche Leben seiner Umgebung sowie den zweiten Weltkrieg und dessen Folgen.

Die Idee und der Schreibstil Günter Grass' hat mir sehr gut gefallen, die Umsetzung dafür leider umso weniger. Mit mehreren ekelhaften Provokationsszenen will er die Wichtigkeit seiner Aussagen wohl unterstreichen, vergrault mich dafür als Leserin, denn für Provokation in Form von wiederholten Sexszenen etc. habe ich wenig übrig. Auch die Spannung wird gleich am Anfang genommen, da die Geschichte rückwirkend von Oskar Matzerath erzählt wird und man so schon um dessen Endschicksal weiß. Auch mehr Berichte über die eigentliche Kriegszeit hätten mich interessiert, hier stand nur das enorme Ego des Hauptprotagonisten im Vordergrund und mein andauernder Wunsch ihn mal kräftig zu schütteln und damit seine Arroganz auszutreiben.

Da mir das Lesen dieses Buches weder Spaß, noch Unterhaltung, noch neues Wissen gebracht hat, ich aber die Fähigkeit des Autors durchaus anerkennen will, gebe ich hier 2 von 5 Sternen und kann es leider nicht weiterempfehlen.

3. Bestandteile einer wissenschaftlichen Arbeit

Eine wissenschaftliche Arbeit, wie z.B. eine Bachelor-, Master- oder Magisterarbeit folgt einem bestimmten Aufbau. Wie Sie die einzelnen Teile der Arbeit gestalten und ausformulieren müssen, was deren inhaltliche Anforderung ist, erfahren Sie in den weiteren Kapiteln des Buches. Im Folgenden sollen Sie nur einen kurzen Überblick bekommen, was Sie beim Schreiben einer wissenschaftlichen Arbeit erwartet.

1) Titelblatt

Das Titelblatt ist die erste Seite der Arbeit und enthält übersichtlich die wichtigsten Informationen Ihrer Arbeit. Der Leser sieht sofort, <u>wer</u> die Arbeit <u>wann</u> verfasst hat, was das <u>Thema</u> der Arbeit ist und wer der <u>Betreuer</u> ist. Richten Sie sich beim Titelblatt nach der abgebildeten Vorlage in Kapitel 4.

2) Inhaltsverzeichnis

Das Inhaltsverzeichnis dient zur Übersicht über den Inhalt der Arbeit und schließt sich an das Titelblatt an. Es enthält die Kapitel Ihrer Arbeit als Übersicht und die jeweiligen Seitenzahlen.

3) Einleitung

In der Einleitung schreiben Sie kurz, was das Thema Ihrer Arbeit ist und warum Sie es ausgewählt haben. Sie schildern, was Sie untersuchen möchten und wie Sie dabei in Ihrer Arbeit vorgehen werden (Fragestellung, Methodik, Aufbau des Hauptteils). Ein kurzer Forschungsstand beendet die Einleitung.

4) Hauptteil

Der Hauptteil der Arbeit beinhaltet Ihre Analyse, Ihre Untersuchung, Ihre Darlegung zu dem von Ihnen ausgewählten Thema.

5) Schlussbetrachtung / Zusammenfassung

Im Schlussteil Ihrer Arbeit fassen Sie Ihre Ergebnisse noch einmal zusammen, geben einen Ausblick auf weitere Entwicklung des Forschungsgegenstandes oder mögliche Untersuchungsfelder und schließen die Arbeit ab.

6) Literaturverzeichnis

Das Literaturverzeichnis schließt sich an die Zusammenfassung an. Hier listen Sie <u>alle</u> von Ihnen verwendeten Quellen genauestens und übersichtlich auf: Bücher, Aufsätze, Zeitschriftenartikel, Internetseiten und vieles mehr. Der Leser muss durch Ihre Angaben in der Lage sein, Ihre Quellen zu finden und zu überprüfen. Vor allem bei Arbeiten aus dem Bereich der Literaturwissenschaft unterteilt man das Literaturverzeichnis in Primärliteratur (Romane, Novellen, Gedichte, z.B. Goethes „Faust") und Sekundärliteratur (Bücher über Bücher, z.B. eine Interpretation zu Goethes Faust, geschrieben von einem Germanistikprofessor).

7) Anhang

Wenn Sie in Ihrer Arbeit Fragebögen verwenden, Interviews machen, Grafiken und Tabellen ausgewertet haben, so müssen Sie diese im Anhang der Arbeit darstellen. Der Anhang enthält jegliches Zusatzmaterial, das Sie für Ihre Arbeit gebraucht und verwendet haben. Es ist meist nicht offiziell in einer Bibliothek zu finden, da Sie es selbst erarbeitet und erstellt haben und befindet sich deshalb im Anhang der Arbeit, weil es zu umfangreich ist, um in den Fließtext selbst (im Hauptteil) eingebaut zu werden.

8) Rechtserklärung

Am Ende der Arbeit findet sich ein normierter Text, der eine Rechtserklärung darstellt. Sie versichern darin, dass Sie und niemand anders der Verfasser der Arbeit ist. Hierbei handelt es sich um eine rechtliche Bestätigung, dass Sie die Arbeit weder in Teilen noch im Ganzen abgeschrieben und gestohlen haben. Sie müssen diese Erklärung handschriftlich unterschreiben, bevor Sie die Arbeit abgeben, damit die Rechtserklärung Gültigkeit besitzt.

Im Folgenden sehen Sie ein Musterbeispiel der Bestandteile einer Bachelorarbeit.

Titelblatt

Abschlussarbeit im Fach
Deutsch

Universität: Nanjing Universität
Deutschabteilung des Fremspracheninstituts
Betreuerin: Prof. Dr. Kong Deming
Titel der Arbeit: Gemeinsamkeiten und Unterschiede zwischen deutschen und chinesischen Phraseologismen: Eine kontrastive Analyse am Beispiel der Phraseologismen für „Tod" und „sterben"
Abgabe: 20.04.2009
Verfasserin: Qian Lili

Inhaltsverzeichnis

Einleitung

1. Einführung in die Thematik und Zielsetzung der Arbeit

Betrachten wir das folgende Gespräch zweier Studentinnen Anne und Beate:

A: Du lernst ja Tag und Nacht. Was ist denn los mit dir? So kenne ich dich gar nicht.

B: Bei mir geht es jetzt um die Wurst. Nächste Woche habe ich alle meine Prüfungen. Ich habe mich wirklich gut vorbereitet. Ich hatte wieder mal Arbeit in Hülle und Fülle. Jetzt bin ich ziemlich fix und fertig; ich bin wirklich schon bis zum Umfallen müde.

A: Ich hatte in den letzten Wochen zu wenig Zeit zum Lernen. In der letzten Klausur habe ich eine Vier bekommen, habe also nur mit Ach und Krach bestanden. Trotzdem bin ich noch mal mit einem blauen Auge davongekommen. Hauptsache ist, dass ich bestanden habe; die Note spielt in diesem Fall nicht so eine große Rolle.

B: Da hattest du wohl mehr Glück als Verstand.

In diesem kurzen Gespräch sind folgende Ausdrücke besonders auffällig: Tag und Nacht, es geht um die Wurst, in Hülle und Fülle, fix und fertig, mit Ach und Krach, mit einem blauen Auge davongekommen, eine große Rolle spielen, mehr Glück als Verstand haben. Diese Ausdrücke haben zwei gemeinsame Eigenschaften: „Erstens bestehen sie aus mehr als einem Wort, zweitens sind die Wörter nicht für dieses eine Mal zusammengestellt, sondern es handelt sich um Kombinationen von Wörtern." [1] Solche Ausdrücke nennt man „Phraseologismen". Die linguistische Teildisziplin, die Phraseologismen als Forschungsobjekt hat, nennt man Phraseologie. Als eine der ältesten Sprachen der Welt hat die chinesische Sprache auch solche Ausdrücke, die Phraseologismen der deutschen Sprache entsprechen. Phraseologismen bilden einen wichtigen Bestandteil einer Sprache, weil sie einen engen Zusammenhang mit der Geschichte eines Landes und der Kultur einer Nation haben. Sie entstehen durch den häufigen Gebrauch, spiegeln die Kultur wider und entwickeln sich im Laufe der Zeit. Neben der wörtlichen Bedeutung, die auf den ersten Blick zu erkennen ist, haben viele Phraseologismen noch eine phraseologische Bedeutung, die nicht aus den

---

[1] Burger 2003, S. 11

Hauptteil

2. Gegenstand und Grundbegriffe der Phraseologie

In diesem Kapitel wird es um den Gegenstand und die Grundbegriffe der Phraseologie gehen. Was versteht man unter „Phraseologie"? In der Einleitung wurde schon erwähnt: Phraseologie ist eine linguistische Teildisziplin, die sich mit Phraseologismen beschäftigt. Darüber hinaus hat „Phraseologie" eine zweite Bedeutung, die den gesamten Objektbereich - die Gesamtheit der Phraseo- logismen einer Einzelsprache – bezeichnet. In diesem Zusammenhang kann man z. B. von „der Phraseologie des Deutschen" sprechen.

Die Forschungsobjekte dieser linguistischen Teildisziplin, nämlich die Phraseologismen, sind eine Reihe spezifischer sprachlicher Einheiten, deren mehrere einzelne lexikalische Bestandteile zusammen eine feste Wortverbindung bilden, die neben der auf ihre Bestandteile zurückzuführenden wörtlichen Bedeutung noch eine übertragene Bedeutung besitzt. Die übertragene Bedeutung wird auch „phraseologische Bedeutung" genannt, damit passt der Terminus besser, wenn es keine große Abweichung von der wörtlichen Bedeutung gibt.

Mit ihrer phraseologischen Bedeutung können Phraseologismen dazu dienen, eine behagliche Stimmung in einem Gespräch zu verbreiten, etwas Abstraktes verständlich und anschaulich zu machen oder etwas, was man nicht direkt sagen darf, taktvoll und euphemistisch auszudrücken. In jeder natürlichen Sprache, egal ob sie eine lange Geschichte hat oder nicht, liegen zahlreiche Phraseologismen vor. Jedoch hat die Phraseologieforschung für verschiedene Sprachen verschiedenes geleistet. Im Folgenden wird diese Arbeit einen Überblick über die Phraseologie der deutschen Sprache sowie der chinesischen Sprache bieten.

Zusammenfassung

4. Zusammenfassung

Durch die vergleichende Darstellung der phraseologischen Forschung, der Grundbegriffe der Phraseologie und der Klassifikation der Phraseologismen im Deutschen und Chinesischen konnte festgestellt werden, dass die deutschen und chinesischen Phraseologismen trotz einiger Unterschiede doch viele gemeinsame Eigenschaften aufweisen. Obwohl die Sammlung der Yànyǔ in der Östlichen Han-Dynastie als der Beginn der chinesischen Phraseologieforschung betrachtet werden konnte, begann die systematische Forschung in China eigentlich wie in Deutschland unter dem Einfluss der russischen Phraseologieforschung. Bei Phraseologismen in den beiden Sprachen kann man von Eigenschaften der Festigkeit und der Idiomatizität sprechen. Sie verkörpern die Kultur des Landes und die Lebenserfahrungen und Weisheit des Volks.

Die kontrastive Analyse der Phraseologismen der beiden Sprachen am Beispiel der Sterbe-Idiome auf der linguistischen und der kulturellen Ebene konnte einen Einblick in die Wertvorstellungen und kulturellen Unterschiede der beiden Länder gewährt haben. Eine Aufgliederung der Phraseologismen für „sterben" nach der Anzahl der lexikalischen Bestandteile wie in der chinesischen Sprache gibt es im Deutschen nicht. Aber die Sterbe-Idiome in den beiden Sprachen verfügen über die gleichen Themenkomplexe, wie z. B. letzte körperliche Regungen, Sarg und Grab, Tiere unter der Erde. Das Sterben wird sowohl im Deutschen als auch im Chinesischen oft als eine Reise betrachtet, was eine optimistische Einstellung der Völker gegenüber dem Sterben repräsentiert. Auffällig sind die der feudalistischen Hierarchie entsprechenden Idiome im klassischen Chinesisch. Gewissermaßen kann man sagen, dass solche Sterbe-Idiome eine Kennzeichnung der politischen Stellung sind. Die beiden Sprachen haben viele Phraseologismen für „sterben",

Literaturverzeichnis

5. Literaturverzeichnis

Burger, Harald (2003): Phraseologie. Eine Einführung am Beispiel des Deutschen. 2. Aufl. Berlin.

Cui, Xiliang (1997): Chinesische Phraseologismen und die chinesische kulturelle Welt (汉语熟语与中国人文世界). Beijing.

Fleischer, Wolfgang (1997): Phraseologie der deutschen Gegenwartssprache. Tübingen.

Hecken, Anna Etta: „Weiter im Text" – zu den kommunikativ-pragmatischen Funktionen von Phraseologismen in Texten. Ein Forschungsüberblick. 2003. http://viadrina.euv-frankfurt-o.de/~owl/2_hecken/hecken.pdf (Stand: 10.2.2009)

Kirschnick, Stephanie (2006): In China wirft man keine Perlen vor die Säue. München.

Piirainen, Elisabeth (2001): Er zahlt keine Steuern mehr. Phraseologismen für ‚sterben' in den deutschen Umgangssprachen. In: Phraseologie in Raum und Zeit. Akten der 10. Tagung des Westfälischen Arbeitskreises „Phraseologie/Parömiolo¬gie". Münster.

Shu, Zhiqiang (1998): Ersatzausdrücke für „sterben" und ihr kultureller Sinn. In: Die chinesische Sprache lernen (死亡代语及其文化意蕴). Nr. 5, 1998. Yanji.

Schue, Scheng-liang (1985): Übersetzungsprobleme der Redensarten und Sprichwörter. Stuttgart.

Sun, Xianghua (2005): Die kulturelle Erklärung der chinesischen Euphemismen für „sterben" (汉语死亡委婉语的文化解读). In: Hochschulschrift der pädagogischen Hochschule Jiaozuo. Hrsg. am 30. März 2005. Jiaozuo.

Wang, Dongmei (2007): Interkulturelle Untersuchung der Euphemismen für „sterben" in der chinesischen und der thailändischen Sprache (汉泰"死亡"委婉语跨文化比较研究). – In: Icis. 2007. c.O. http://www.icis.cn/bbs4/Announce/Announce asp?BoardID=203&ID=3031 (Stand: 13.4.2009)

Wu, Zhankun (2007): Einführung in die chinesische Phraseologie (汉语熟语通论). überarbeitete Aufl. Baoding.

http://www.geistigenahrung.org/ftopic884-5.html (Stand: 23.4.2009)

Anhang

6. Anhang

Deutsche Phraseologismen:	Chinesische Phraseologismen:
alle viere von sich strecken	到阎王那儿报道 [dào yán wáng nà er bào dào]
bei den Engeln sein	
Das schlägt dem Fass den Boden aus.	蹬腿儿 [dēng tuǐ er]
den Geist aufgeben	登仙 [dēng xiān]
den letzten Seufzer tun	断气 [duàn qì]
den Löffel abgeben	断弦 [duàn xián]
den letzten Atemzug tun	返真 [fǎn zhēn]
der Totenvogel sitzt auf dem Dach	长殇 [cháng shāng]
die Augen für immer schließen	宫车晏驾 [gōng chē yàn jià]
die Regenwürmer unter der Erde kitzeln	故 [gù]
die Welt von oben besehen	归天 [guī tiān]
Er geht heim in die Ewigkeit.	归西 [guī xī]
Es geht um die Wurst.	薨逝 [hōng shi]
Fersengeld geben	驾崩 [jià bēng]
im Holzpyjama liegen	驾鹤西游 [jià hè xī yóu]
in den Kasten springen	见马克思 [jiàn mǎ kè sī]
in die ewigen Jagdgründe eingehen	见阎王 [jiàn yán wáng]
in die große Armee treten	涅槃 [niè pán]
in eine bessere Welt gehen	迁神 [qiān shén]
ins Jenseits eintauchen	迁形 [qiān xíng]
ins Kistlein hüpfen	翘辫子 [qiào biàn zi]
ins Nirwana gehen	三长两短 [sān cháng liǎng duǎn]
ins Reich der ewigen Jagdgründe gehen	身归黄土 [shēn guī huáng tǔ]
jemandem geht ein Licht auf	升天 [shēng tiān]
jemandes letztes Stündlein / letzte Stunde hat geschlagen	寿终 [shòu zhōng]
Kisten-Party feiern	寿终正寝 [shòu zhōng zhèng qǐn]
mit den Engeln sprechen lernen	寿终内寝 [shòu zhōng nèi qǐn]
mit den Regenwürmern tanzen	香消玉殒 [xiāng xiāo yù yǔn]
mit Mann und Maus untergehen	心脏停止跳动 [xīn zàng tíng zhǐ tiào dòng]
sechs Fuß unter dem Erdboden sein	永远闭上了眼睛 [yǒng yuǎn bì shàng le yǎn jīng]
zu Gott gerufen werden	
sich ein Bett mit Deckel kaufen	与世长辞 [yǔ shì cháng cí]
sich ins Grab legen	圆寂 [yuán jì]
zum lieben Gott gehen	

Rechtserklärung

Ich versichere an Eides statt, dass ich die beiliegende Bachelorarbeit selbständig und ohne Benutzung anderer als der angegebenen Quellen und Hilfsmittel angefertigt habe. Wörtlich oder inhaltlich entnommene Stellen habe ich als solche kenntlich gemacht, als Zitate gekennzeichnet und die Quelle angegeben.

Ich bin mir bewusst, dass eine falsche Erklärung rechtliche Folgen haben wird.

Nanjing, den 20. April 2009 _____ (Unterschrift)

(Qian Lili)

Kapitel 2

Sich orientieren, recherchieren und planen

Lernziele

In diesem Kapitel stehen die folgenden Fragen im Vordergrund:
1. Wie komme ich zu einem Thema und wie kann ich mein Thema eingrenzen?
2. Wo finde ich geeignete Literatur und wie recherchiere ich effektiv?
3. Wie plane ich meine Arbeit und welche Arbeitsschritte führen zu meiner wissenschaftlichen Arbeit?

1. Wie finde ich ein Thema?

Besonders wichtig ist die Wahl des Themas, wenn Sie eine wissenschaftliche Arbeit schreiben. Sie sollten deshalb sehr sorgfältig bei der Themenwahl sein, viel Zeit investieren und intensiv mit dem **Betreuer** Ihrer Arbeit sprechen. Der Betreuer Ihrer Arbeit sollte also möglichst bereits im Anfangsstadium der Arbeit feststehen. Klären Sie auch bereits zu Beginn Ihrer Beschäftigung mit dem wissenschaftlichen Arbeiten, wie viel Zeit Sie zum Verfassen der Arbeit haben (**Abgabetermin!**) und wie viele Seiten (**Umfang der Arbeit!**) verlangt werden. Klären Sie, ob die geforderte Seitenzahl sich auf den Fließtext (Einleitung, Hauptteil, Schluss) bezieht oder alle Teile der Arbeit umfasst (Titelblatt, Rechtsbelehrung, Literaturverzeichnis etc.). Normalerweise bezieht sich die geforderte Seitenzahl auf den Fließtext.

Wichtig bei der Themenwahl ist, dass Sie Ihr Untersuchungsgebiet selbst spannend finden, weil die Arbeit besser wird, wenn Sie Spaß und Freude daran haben, wenn das Ergebnis Sie selbst interessiert und wenn Sie motiviert sind. Vorerst sollten Sie festlegen, welcher Bereich der Germanistik/der deutschen Sprache/Deutschlands Sie besonders interessiert. Sie können ganz grob vier Themenkomplexe voneinander abgrenzen, die für Sie in Frage kommen.

➢ Deutsche Sprachwissenschaft

➢ Deutsche Literaturwissenschaft

➢ Didaktik und Deutschunterricht

➢ Deutsche Kultur und Landeskunde (z.B. Wirtschaft, Politik, Musik, Sport, Geschichte ...)

Vielleicht haben Sie ein interessantes Seminar zu einem Thema besucht, das Sie interessiert? Oder hat Ihr Lehrer kürzlich im Unterricht etwas erzählt, was Sie neugierig machte? Vielleicht haben Sie vor kurzem einen deutschen Zeitungsartikel gelesen, dessen Inhalt sie beschäftigt hat? Sie haben vor einiger Zeit eine Kurzgeschichte eines deutschen Autors gelesen, die Sie sehr begeistert hat? Oder gibt es irgendein grammatisches Problem, auf das Sie schon häufig gestoßen sind und das Sie gerne untersuchen und didaktisieren möchten?

☞ Übung 1

Überlegen Sie, wie Sie gezielt Anregungen zu einem Thema bekommen können und wie Sie ein Thema finden können. Diskutieren Sie auch mit Ihrem Nachbarn darüber.

Sich Zeit nehmen, um sich in der Bibliothek umzusehen (in der Bibliothek zu stöbern) ...

_____

_____

Haben Sie schon eine grobe Vorstellung, was Sie machen möchten? Als Deutschstudent in China haben Sie nicht nur Nachteile gegenüber deutschen Germanisten, sondern auch Vorteile, die Sie gezielt nutzen können. Die folgende Übung soll Ihnen bei der Themenfindung helfen und die oben genannten vier Themenkomplexe noch weiter eingrenzen. Vielleicht bekommen Sie dadurch weitere Anregungen zur Themenfindung.

☞ Übung 2

Welche Vorteile haben Sie gegenüber einem deutschen Germanistikstudenten, welche Nachteile? Diskutieren Sie mit Ihrem Nachbarn und schreiben Sie einige Aspekte in die Tabelle.

Vorteile	Nachteile
ich habe die deutsche Sprache gelernt und kenne beispielsweise die Schwierigkeiten beim Lernen besser	ich bin kein Muttersprachler und habe keine muttersprachliche Deutschkompetenz
...	

☞ Übung 3

Welche Themenbereiche bieten sich also für Sie an? Überlegen Sie bitte mit Ihrem Nachbarn und füllen Sie die folgende Tabelle mit weiteren Themenbereichen.

Deutsche Literatur	Deutsche Sprachwissenschaft
- Rezeption deutscher Literatur in China (eingeschränkt auf Autor, Zeitspanne, ...) - ...	- Textsortenvergleiche dt. – chin. - Kontrastive Untersuchungen zu Wortarten oder Syntax usw. - ...
Landeskunde	Didaktik
- Vergleich von Organisationsstrukturen (z.B. im Bildungswesen), Gesellschaftsprozessen (z.B. Überalterung) ... - ...	- Analyse spezifischer Schwierigkeiten beim Deutschlernen und methodische Vorschläge - ...

Ob das Thema wirklich für eine wissenschaftliche Arbeit geeignet ist, müssen Sie in erster Linie mit Ihrem Betreuer besprechen.

☞ Übung 4

Erste Ideensammlung: Für welchen Bereich interessieren Sie sich am meisten? Kreuzen Sie bitte an:

☐ Deutsche
Literatur

☐ Deutsche
Sprachwis-
senschaft

☐ Landeskunde/
Kulturvermittlung

☐ Didaktik

Haben Sie bereits eine Idee, womit Sie sich in Ihrer wissenschaftlichen Arbeit beschäftigen könnten? Notieren Sie bitte eine Themenidee:

_____

_____

☞ Übung 5

Sie haben jetzt bereits eine grobe Idee zu einem Thema. Versuchen Sie herauszufinden, ob Ihr Thema geeignet ist, indem Sie sich folgende Fragen stellen. Je mehr Fragen Sie mit „Ja" beantworten, desto besser.

➢ *Interessiert mich das Thema?*

➢ *Ist das Thema umfangreich genug, um die geforderte Seitenzahl zu erfüllen?*

➢ *(Wie) Kann ich Primärliteratur finden?*

➢ *(Wie) Kann ich Sekundärliteratur finden?*

➢ *Ist das Thema aktuell?*

➢ *Kann ich etwas Neues über dieses Themas schreiben?*

➢ *Kann ich etwas Eigenes über dieses Thema schreiben?*

➢ *Ist das Thema wissenschaftlich?*

Wie bereits erwähnt, sollten Sie ein Thema wählen, für das Sie Interesse haben. Wichtig ist außerdem, dass Ihr Thema weder zu umfangreich ist noch zu klein, um beispielsweise eine 15- bis 20-seitige Arbeit zu verfassen. Deshalb noch einmal der Hinweis: Informieren Sie sich genau, welche Anforderungen an Ihrer Deutschabteilung bestehen und wie viele Seiten für Ihre Arbeit gefordert sind.

Das interessanteste und spannendste Thema nützt Ihnen jedoch nichts, wenn Sie keine Literatur dazu finden. Dies betrifft die Primärliteratur, also literarische oder philosophische Werke, oder allgemein gesagt: den Gegenstand Ihrer Arbeit. Möchten Sie beispielsweise die Frauenfiguren in Judith Hermanns Kurzgeschichten analysieren, müssen Sie sich sicher sein, dass die Kurzgeschichten in der Bibliothek vorhanden sind oder Sie sie von einem Dozenten ausleihen können. Oder vielleicht interessiert Sie die Meinung deutscher und chinesischer Studierender zum jeweiligen Schulsystem und Sie haben einen Fragebogen entworfen? Dann müssen Sie sicherstellen, dass Sie eine ausreichende Anzahl deutscher Studierender erreichen können, die diesen Fragebogen für Sie ausfüllen. Ein weiteres Beispiel: Sie haben sich entschieden, die Probleme deutscher Studierender beim Verfassen von Aufsätzen zu untersuchen. Woher bekommen Sie diese Aufsätze, die Sie untersuchen wollen? Gleiches gilt für die Sekundärliteratur, also die Literatur, die sich mit Literatur beschäftigt. Um beim obigen Literaturbeispiel zu bleiben: Können Sie Aufsätze oder Rezensionen finden, in denen Judith Hermanns Kurzgeschichten bereits analysiert wurden? Gibt es wissenschaftliche Abhandlungen zum Thema „Frauenfiguren in der Literatur", die für Ihre Arbeit nützlich und zugänglich sind?

Als Nächstes sollten Sie sich die Frage stellen, ob das Thema, das Sie ins Auge gefasst haben, aktuell oder bereits veraltet ist. Hiermit ist nicht gemeint, dass Sie nur aktuelle Romane oder Kurzgeschichten analysieren sollten, sondern ob das Thema aktuelle Relevanz besitzt. Interessiert das Thema heute jemanden oder haben vermutlich Studenten vor 20 Jahren bereits zu diesem Thema geforscht?

Eng damit in Zusammenhang steht die Frage, ob es möglich ist, etwas Neues über dieses Thema zu sagen. Wenn Sie nur wiederholen, was viele Denker vor Ihnen bereits gesagt haben, stellt sich wiederum die Frage nach dem Sinn Ihrer Arbeit. Ein Beispiel wäre, wenn Sie eine theoretische Arbeit über das Passiv im Deutschen verfassten. Hierzu gibt es bereits unzählige Literatur. Was unterscheidet also Ihre Arbeit von den anderen?

Ferner wäre es wünschenswert, dass Sie etwas Eigenes zu dem gewählten Thema beitragen können. Beschäftigt sich Ihre Arbeit etwa mit der Widerstandsbewegung „Die Weiße Rose" im Dritten Reich? Anstatt die Lebensdaten der Mitglieder ausführlich zu behandeln, könnten Sie vielleicht eine Filmanalyse einbinden („Die weiße Rose" und „Sophie Scholl" sind die Titel zweier Spielfilme).

Zu guter Letzt sollten Sie sich die Frage stellen, ob Ihr Thema wissenschaftlich ist. Lautet Ihr Thema also „Deutsches Essen", so lässt sich hieraus wohl kaum eine wissenschaftliche Arbeit machen. Schreiben Sie jedoch eine Arbeit mit dem Titel „Deutsche Esskultur im Wandel", so können Sie Vergleiche anstellen, eine Hypothese aufstellen, verwerfen oder bestätigen, sich kritisch mit Literatur auseinander setzen und schließlich zu einem Ergebnis kommen.

☞ Übung 6

Setzen Sie sich zum Ziel, innerhalb einer Woche (bis zur nächsten Unterrichtsstunde) mehrere Themenideen zu entwickeln und aufzuschreiben. Diskutieren Sie in der Folgestunde im Plenum, welche Themen gut geeignet sind, welche eher nicht.

1) _____

2) _____

3) _____

2. Wie grenze ich mein Thema ein?

Wenn Sie ein Thema gefunden haben, muss aber nun geprüft werden, ob das selbst gewählte Thema zu weit gefasst ist. Je weniger man mit den Details einer Wissenschaft vertraut ist, desto globaler sind zwangsläufig die Themen, die man selbst wählt. Aber auch ein „kleines" Thema kann sich in der Regel als schwer überschaubar darstellen. So ist es besonders wichtig, das Thema kritisch auf seine Realisierbarkeit zu überprüfen und einzugrenzen.

Auf jeden Fall soll man die Themen unmissverständlich formulieren, auf den Schwerpunkt der Untersuchung hinweisen und den Fragehorizont auf das Wesen des zu lösenden Problems eingrenzen.

Um die zu weit gefassten Themen zu vermeiden, sollen dann solide Themen ausgearbeitet werden. Wichtig sind Eingrenzungen. Im Folgenden versuchen wir, einige Methoden zur Themeneingrenzung vorzunehmen.

1) Inhaltliche Eingrenzungen

Bei der Formulierung eines Themas muss man sich auf einen interessanten Aspekt beschränken. „Untersuchungen zu deutschen Kurzgeschichten" ist ein zu umfangreiches Thema für eine Abschlussarbeit und schwer zu bewältigen. Aber wenn Sie nur einen Aspekt herausarbeiten, wie etwa „Die Rezeption der Kurzgeschichten von Wolfgang Borchert in Deutschland und China – ein Vergleich", dann kann das ein treffendes Thema sein. Anstatt das Thema „Angliszismen in der deutschen Sprache" zu bearbeiten, ist es sinnvoller, sich mit „Anglizismen in der deutschen Werbesprache" zu beschäftigen. Eine weitere zeitliche oder inhaltliche Eingrenzung wäre jedoch auch bei diesem Thema ratsam.

2) Zeitliche Eingrenzungen

Bei der Formulierung eines Themas kann man auch zeitliche Eingrenzungen vornehmen. „Untersuchungen zu DaF-Lehrbüchern" ist z.B. ein zu umfangreiches Thema für eine gute Abschlussarbeit. Wenn man die Untersuchung auf eine bestimmte Zeitperiode beschränkt und „Untersuchungen zu DaF-Lehrbüchern der 80er und 90er Jahre" vornimmt, dann kann dies zu interessanten Ergebnissen führen. Anstatt sich das Thema „Analyse des deutschen Antisemitismus" zu wählen, wäre eine Eingrenzung auf „Analyse des deutschen Antisemitismus im 19. Jahrhundert" vielversprechender.

3) Eingrenzen der Quellen

Wichtig kann eine Eingrenzung der Quellen oder Materialien sein, die man zu bearbeiten gedenkt, beispielsweise in der Literaturwissenschaft eine Beschränkung auf Gedichte, Dramen oder Prosa eines Autors. So könnte ein Thema „Analyse des deutschen Antisemitismus im 19. Jahrhundert am Beispiel von Gustav Freytags Prosawerken" lauten.

4) Beziehungen herstellen

Viele wissenschaftliche Themen werden dadurch eingegrenzt, dass zwei Objekte, Theorien oder Personen miteinander in Beziehung gesetzt werden, z. B. „Präpositionen im Deutschen und im Chinesischen. Ein Vergleich."

5) Beispiel oder Einzelfall hervorheben

Man kann der Breite eines Themas dadurch entgehen, dass man es anhand eines Einzelfalles aufrollt, wie im folgenden Themenbeispiel: „Verwendung von Metaphern in der politischen Sprache. Eine Analyse anhand von Bundestagsdebatten des Jahres 2008".

6) Anwendungsbereiche konkretisieren

Bei allen Themen mit Praxisbezug kann eine Eingrenzung des Anwendungsbereichs nötig sein. Definieren Sie die Fälle, Ereignisfelder, Handlungszusammenhänge, Institutionen, die Sie berücksichtigen wollen. Das Thema „Projektarbeit im Unterricht" ist zu unspezifisch. Besser wäre „Der Einsatz von Projektarbeit bei chinesischen Deutschstudenten im Hauptstudium".

☞ Übung 7

Diskutieren Sie: Welche der folgenden Themen sind für eine Abschlussarbeit geeignet und welche nicht. Wie könnte man die Themen eingrenzen? Machen Sie Verbesserungsvorschläge!

- *Brecht und die chinesische Kultur*
- *Über die Kurzgeschichten nach dem II. Weltkrieg*
- *Die Wortstellung und Struktur der deutschen Sprache*
- *Anwendung der Schema-Theorie im DaF-Leseunterricht*
- *Zum Erlernen und Anwenden des Modalverbs „sollen"*
- *Untersuchungen zu Überschriften von Internetnachrichten*
- *Das Thema „Liebe" in den Märchen der Brüder Grimm*
- *Vergleich der deutschen und chinesischen Presse*
- *Anglizismen in der deutschen und chinesischen Gegenwartssprache*

Sie wollen nun über das Thema „Deutsche Modalverben" schreiben. Von diesem ersten Gedanken bis zu einem klar formulierten Thema einer Abschlussarbeit werden einige Phasen durchlaufen. Der Gedanke wird Schritt für Schritt entwickelt, das grobe Thema allmählich konkretisiert, eingegrenzt und präzisiert. In dieser Anfangsphase müssen Sie viel lesen, recherchieren, mit Lehrenden und Studienkollegen diskutieren. Xu Lingfei, ein Germanistikstudent der Universität Nanjing, hat das Thema „Deutsche Modalverben" im Laufe der Zeit für seine Abschlussarbeit konkretisiert. Er hat dies in mehreren Schritten getan.

Schritte	Themen und Themeneingrenzungen	Probleme und weitere Vorgehensweise
Erstgedanke	Deutsche Modalverben	zu grob verfasst, soll präzisiert werden
Nach Überlegung	Vergleich der Modalverben: deutsch-chinesisch.	immer noch zu umfangreich, Gefahr einer statischen Nebeneinanderreihung
Nach Diskussion	Vergleich der deutschen und chinesischen Modalverben in populärwissenschaftlicher Texten	zwar eingegrenzt, aber inhaltlich noch unklar
Nach Diskussion und Recherche	Bedeutung und Funktion von Modalverben in populär-wissenschaftlichen Texten	inhaltlich noch konkreter, am eigenen Korpus arbeiten
Nach Diskussion, Recherche und korpusprüfung	Bedeutung und Funktion von Modalverben in Überschriften von Internet-Nachrichten. Eine kontrastive deutsch-chinesische Untersuchung	auf das Wesentliche eingegrenzt

☞ **Übung 8**

Eine Studentin will in ihrer Abschlussarbeit über „Phraseologie" schreiben. Wie würden Sie das Thema festlegen? In welchen Schritten könnte dies erfolgen? Tragen Sie bitte ein!

Schritte	Themen und Themeneingrenzungen	Probleme und weitere Vorgehensweise
Erstgedanke	Phraseologie	
Nach Überlegung	...	
Nach Diskussion	...	
Nach Diskussion und Recherche	...	
Nach Diskussion, Recherche und Korpusprüfung	...	auf das Wesentliche eingegrenzt

Im Folgenden finden Sie eine Sammlung von Themenbeispielen.

<u>Deutsche Sprachwissenschaft</u>

* Kontrastiver Textvergleich: Werbeanzeigen in deutschen und chinesischen Tageszeitungen
* Verwendung von Fremdwörtern im Kulturteil der „Süddeutschen Zeitung"
* Tiermetaphern im Deutschen und im Chinesischen im Vergleich
* Funktion und Bedeutung der Modalverben in Überschriften von deutschen und chinesischen Zeitungskommentaren
* Verwendung von Anglizismen in deutschen Weblogs

<u>Deutsche Literaturwissenschaft</u>

* Die Darstellung und Funktion des Daoismus in Hermann Hesses „Demian"
* Das Frauenbild in den Kurzgeschichten von Silke Scheuermann
* Bestseller-Literatur des Jahres 2007 in Deutschland und China im Vergleich
* Gedichtvergleich: Heimat bei Hölderlin und bei Haizi
* Probleme der Wiedervereinigung in Jana Hensels „Zonenkinder"

<u>Didaktik und Deutschunterricht</u>

* Probleme chinesischer Studierender beim Aufsatzschreiben und didaktische Konzepte zur Verbesserung
* Probleme beim Lernen von Modalpartikeln und didaktische Konzepte
* Ist Projektunterricht zum Einsatz im Leseunterricht geeignet? - Eine Studie bei chinesischen Deutschstudenten im Hauptstudium

Deutsche Kultur und Landeskunde

- Darstellung der chinesischen Mentalität in deutschen Pressetexten des Jahres 2008
- Vergleich der Schulsysteme in Deutschland und China und Darstellung der Vor- und Nachteile
- Politische Ziele im Film „Die fetten Jahre sind vorbei" und ein Vergleich mit den Zielen der RAF
- Das Problem der Überalterung in Deutschland und China: Gemeinsamkeiten, Unterschiede und Lösungsansätze
- Die meistverkaufte Popmusik im Jahr 2008: Deutsche und chinesische Liedtexte im Vergleich
- Das deutsche Nationalbewusstsein während der Fußball-Weltmeisterschaft 2006: Eine Auswertung anhand von Zeitungsartikeln

☞ Übung 9

Hat sich Ihr Thema während der letzten Übungen ein wenig gefestigt? Notieren Sie hier das Thema Ihrer Arbeit und versuchen Sie durch eigene Überlegung, Recherche und Diskussion mit Dozenten und Studierenden Ihr Thema schrittweise einzugrenzen.

Mein Thema:

_____

Schritte	Themen und Themeneingrenzungen	Probleme und weitere Vorgehensweise
Erstgedanke		
Nach Überlegung		
Nach Diskussion		
Nach Diskussion und Recherche		
Nach Diskussion, Recherche und Korpusprüfung		auf das Wesentliche eingegrenzt

3. Wie und wo finde ich Literatur?

Der erste Weg Ihrer Recherche sollte immer die **Bibliothek** sein. Haben Sie eine Fremdsprachenbibliothek an Ihrer Abteilung? Oder sogar eine DAAD-Bibliothek? Nehmen Sie sich Zeit, dort nach geeigneter Literatur zu suchen. Bücher sind nach wie vor die verlässlichsten Quellen für wissenschaftliche Arbeiten.

Nur wenn Sie keine Bibliothek vor Ort haben, sollten Sie Ihre Recherche aufs Internet ausdehnen. Dies bedeutet gleichzeitig natürlich auch, dass Sie – sollten Sie einmal in Deutschland studieren – dort selbstverständlich (!) auf die dortigen Universitäts- und Stadtbibliotheken zugreifen.

Nicht alle Quellen im **Internet** sind zitierbar und dürfen für wissenschaftliche Arbeiten verwendet werden. Sie müssen sich also bei jeder Internetquelle sicher sein, dass sie seriös und richtig ist. Schließlich kann sich jeder im Internet zum Thema „Goethe und seine Frauen" äußern. Ob seine Aussagen wissenschaftlich fundiert und sinnvoll sind, ist dadurch aber noch nicht bewiesen. Der sicherste Weg, gute Quellen zu finden, ist also nicht einfach ein Stichwort bei „Google" oder anderen Suchmaschinen einzugeben, sondern bei sicheren Quellen zu suchen zu beginnen. Seriöse Quellen im Bereich „Deutsch" sind beispielsweise Seiten von deutschen Behörden, Seiten von bekannten, anerkannten Institutionen, von Universitäten oder andern Wissenschaftseinrichtungen oder auch bestimmte Pressepublikationen. Von diesen Seiten ausgehend können Sie dann immer detaillierter suchen. Stellen Sie sich das Internet am besten wie einen Baum vor. Sie müssen einen stabilen Stamm suchen und von dort aus nach oben zu den dicken Ästen gehen. Von den dicken Ästen aus kommen Sie zu den dünnen Ästen, von den dünnen Ästen zu Blättern. Wenn Sie einfach bei Internetsuchmaschinen recherchieren, finden Sie dort nicht unbedingt stabile Stämme und gesunde Äste, sondern auch faule Blätter, morsche Äste und schiefe, hässliche Stämme.

Im Folgenden sollen einige Stämme aufgelistet werden, die Ihnen die weitere Suche erleichtern können:

A. Deutsche Sprachwissenschaft

- http://www.goethe.de/kue/lit/dos/dds/de257045.htm (Stand: 1.2.2009)
  Eine Seite zur deutschen Rechtschreibung mit weiterführenden Links.

- http://www.ids-mannheim.de/service/ (Stand: 1.2.2009)
  Das IDS ist das Institut für deutsche Sprache in Mannheim. Hier finden Sie nicht nur Informationen zur Rechtschreibung im Deutschen, sondern auch verschiedene Online-Anwendungen rund um die Deutsche Sprache und Grammatik. Sie können beispielsweise in einem riesigen Textkorpus nach bestimmten grammatischen Phänomenen suchen. Es gibt die Möglichkeit, eine Recherche zum gesprochenen Deutsch zu machen oder grammatischen Phänomenen bei „Grammis" nachzu-

gehen.

- http://www.duden.de/deutsche_sprache/ (Stand: 1.2.2009)
  Beim Duden-Verlag können Sie verschiedene Pdf-Dateien zu den Gebieten Rechtschreibung, Fremdwörter, Grammatik nachschlagen, aber wiederum auch eine Linkliste finden, die die Bereiche der deutschen Sprachwissenschaft abdeckt.

- http://www.mediensprache.net/de/ (Stand: 1.2.2009)
  Texte zur Mediensprache vom Deutschen Seminar der Universität Hannover.

- http://www.linse.uni-due.de/linse/index.php (Stand: 1.2.2009)
  Der Linguistik-Server Essen (Linse) bietet ein breites Angebot an sprachwissenschaftlichen Arbeiten und ebenfalls weiterführende Links.

B. Deutsche Literaturwissenschaft

- www.gutenberg2000.de (Stand: 1.2.2009)
  Hier finden Sie literarische Texte (Romane, Erzählungen, Gedichte usw.), also Primärliteratur aus frühester Zeit bis ins 20. Jahrhundert.

- http://www.goethe.de/kue/lit/lks/deindex.htm (Stand: 1.2.2009)
  Wenn Sie bei goethe.de den Bereich Künste anklicken und dort das Stichwort Literatur wählen, gelangen Sie zur Kategorie Links und erhalten ein sehr langes Verzeichnis interessanter Linkadressen zur Literaturwissenschaft.

C. Didaktik und Deutschunterricht

- http://www.uni-hamburg.de/fremdsprachenlernen/ (Stand: 1.2.2009)
  Tipps und Informationen zum Fremdsprachenlernen, bereitgestellt vom Bereich Sprachlehrforschung der Universität Hamburg.

- http://www.zum.de (Stand: 1.2.2009)
  Unterrichtsmaterialien aus unterschiedlichen Fachbereichen, Netzwerk für Lehrende.

- www.bildungsserver.de (Stand: 1.2.2009)
  gute Suchfunktion zu allen Fragen rund um Bildung, viele weiterführende Links.

- http://methodenpool.uni-koeln.de (Stand: 1.2.2009)
  Methoden der Didaktik, Bibliographie zur Didaktik.

D. Deutsche Kultur und Landeskunde

➢ Deutsche Gesellschaft

- http://www.goethe.de/ges/deindex.htm (Stand: 1.2.2009)
  Von hier aus kommen Sie bspw. zu den Bereichen Europa, Modernes Leben, Philosophie und Religion, Politische Kultur, Sprache, Städte und Regionen, Wirtschaft und Soziales, Zeitgeschichte und können auf diesen Seiten wiederum neue Links finden, die Sie vielleicht weiter bringen.

- www.bpb.de (Stand: 1.2.2009)
  Bei der Bundeszentrale für politische Bildung findet man Texte zu geschichtlichen Themen, Politik, Pädagogik und auch deutschen Filmen.

- http://www.dhm.de/lemo/suche/index.html (Stand: 1.2.2009)
  Großes Geschichtsarchiv.

- http://www.destatis.de/jetspeed/portal/cms/ (Stand: 1.2.2009)
  Aktuelle Statistiken und Zahlen vom Statistischen Bundesamt.

- http://www.grass-gis.de/bibliotheken/bundesaemter.html (Stand: 1.2.2009)
  Links zu sämtlichen Ämtern und Regierungsorganisationen in Deutschland sowie zu allen Bundesländern.

➢ Deutsche Kunst

- http://www.goethe.de/kue/deindex.htm (Stand: 1.2.2009)
  Ebenfalls über das Goethe-Institut aufrufbar sind verschiedene Bereiche der Kunst, wie z.B. Architektur, Bildende Kunst, Design und Mode, Film, Literatur, Musik, Tanz, Theater. Wenn Sie die jeweiligen Bereiche anklicken, erhalten Sie weitere Informationen und interessante Links.

➢ Medien

- http://www.zeitung.de/ (Stand: 1.2.2009)
  Von hier aus gelangen Sie zu sämtlichen deutschen Zeitungen im Internet.

- www.paperball.de (Stand: 1.2.2009)
  Sie können hier deutschsprachige Zeitungen nach bestimmten Stichwörtern durchsuchen.

- http://www.goethe.de/wis/deindex.htm (Stand: 1.2.2009)
  Verschiedene Wissensbereiche werden über die Seiten des Goethe-Instituts abgedeckt. Wollen Sie etwas über deutsche Bibliotheken, Buchhandel und Verlage oder Medien erfahren, so finden Sie hier sicherlich weitere Quellen.

- http://www.lfm-nrw.de/aktuelles/linksammlung/ (Stand: 1.2.2009)
  Linksammlung zu sämtlichen deutschen Medien.

➢ Bildungssystem

- http://www.goethe.de/wis/fut/lks/deindex.htm (Stand: 1.2.2009)
  Alles, was mit dem Hochschulsystem und dem Wissenschaftsbetrieb in Deutschland und Europa zu tun hat, finden sie, wenn Sie die Links aufrufen.

- www.daad.de (Stand: 1.2.2009)
  Wenn Sie sich ganz gezielt für Studium und Forschung in Deutschland, Hochschulen in Deutschland oder Studienbedingungen interessieren, werden Sie auf den Seiten des Deutschen Akademischen Austauschdienstes (DAAD) sicher bald fündig.

- http://www.goethe.de/wis/sub/deindex.htm (Stand: 1.2.2009)

Hier bekommen Sie Informationen zum Schulsystem und Bildungsangebot in Deutschland.

- http://eacea.ec.europa.eu/portal/page/portal/Eurydice (Stand: 1.2.2009)
  Informationen zum Bildungswesen in Deutschland und Europa.

- www.bmbf.de (Stand: 1.2.2009)
  Bildungsministerium in Deutschland.

- www.bildungsserver.de (Stand: 1.2.2009)
  Informationen zum Bildungswesen (Schul- und Hochschulwesen, Behinderten-pädagogik etc.).

E. China

- http://www.gov.cn (Stand: 01.10.2009)
  Zentralregierung der Volksrepublik China.

- http://www.china.com.cn/node_7078340.htm (Stand: 01.10.2009)
  Auf den Seiten des Chinanets gibt es vor allem aktuelle Nachrichten über China, und zwar in verschiedenen Sprachen.

- http://www.beijingreview.com.cn (Stand: 01.10.2009)
  Auf den Seiten des Beijing-Rundschaus sind Nachrichten und Reportagen über China zu finden, auch in verschiedenen Sprachen.

- http://www.people.com.cn (Stand: 01.10.2009)
  Nachrichten über China in verschiedenen Sprachen.

- http://www.xinhuanet.com (Stand: 01.10.2009)
  Nachrichten über China in verschiedenen Sprachen.

- http://www.de-cn.net/deindex.htm (Stand: 1.2.2009)
  Auf den Seiten des Deutsch-Chinesischen Kulturnetzes gibt es die Kategorie „Links". Von dort aus kommen Sie zu verschiedenen Bereichen der Kunst und finden dort weiterführende Links.

- http://www.giga-hamburg.de (Stand: 1.2.2009)
  Institut für Asienstudien in Hamburg.

- http://www.cri.cn/index1.htm (Stand: 01.10.2009)
  China Radio International ist der staatliche Auslandsrundfunk der Volksrepublik China und wird in 38 Sprachen ausgestrahlt. Er informiert die Welt über China, China über die Welt und die Welt über die Welt.

- http://www.auswaertiges-amt.de/diplo/de/LaenderReiseinformationen.jsp (Stand: 1.2.2009)
  Informationen zu sämtlichen Ländern der Erde. Unter Stichwort „China" auch Link-liste zu weiterführenden Informationen über China.

F. Nachschlagen

- http://www.chemie.fu-berlin.de/cgi-bin/acronym (Stand: 1.2.2009)
  Abkürzungen, die Sie nicht kennen, finden Sie vielleicht hier.

- http://dict.leo.org/ (Stand: 1.2.2009)
  Leo kann mittlerweile nicht nur Deutsch und Englisch, sondern auch Spanisch, Italienisch und Chinesisch.

- http://www.wissen.de (Stand: 1.2.2009)
  Enzyklopädien und verschiedene Wissensbereiche.

- http://www.erlangerliste.de/ressourc/lex.html (Stand: 1.2.2009)
  Links zu verschiedensten Lexika und Enzyklopädie.

☞ Übung 10

a) *Suchen Sie bitte sowohl in der Bibliothek als auch im Internet weitere Literatur für das in der Tabelle angegebene Thema.*

Thema	Literatur (traditionell)	Literatur (online)
Politische Ziele im Film „Die fetten Jahre sind vorbei" und ein Vergleich mit den Zielen der RAF	*Winkler, Willi (2008): Die Geschichte der RAF. Frankfurt.* ...	*http://www.bpb.de/publika tionen/VG2KA2,0,Die_ fetten_Jahre_sind_vorbei. html (Stand: 1.10.2009)* ...

b) *Recherchieren Sie anschließend bitte zu zweit für ein von Ihnen gewähltes Thema (siehe auch Sammlung der Themenbeispiele in diesem Kapitel) oder bereits für Ihr eigenes Thema. Suchen Sie sowohl in der Bibliothek als auch im Internet. Tragen Sie dann die wichtige Literatur unten ein!*

Thema	Literatur (traditionell)	Literatur (online)

4. Welche Arbeitsschritte führen zur wissenschaftlichen Arbeit?

Eine grundlegende Idee, welche Tätigkeiten mit dem Schreiben einer wissenschaftlichen Arbeit verbunden sind, haben Sie nun schon bekommen. Damit Sie sich die einzelnen Arbeitsschritte besser vorstellen können, soll dieses Kapitel mit einer Übersicht über die einzelnen von Ihnen zu bewältigenden Aufgaben schließen:

Die Arbeitsschritte im Überblick:

a) Überlegungen zum Thema und zur Themeneingrenzung
b) Literaturrecherche/Literaturauswahl
c) Materialdokumentation
d) Thema und Titel festlegen
e) Gliederung der Arbeit erstellen
f) Verfassen der Arbeit
g) Korrigieren und Überarbeiten

Die ersten Überlegungen zur Auswahl Ihres Themas (1) haben Sie mittlerweile an gestellt. Mit der Literatursuche (2) haben Sie begonnen. Diese begleitet Sie jedoch während des gesamten Arbeitsprozesses und ist erst bei Abgabe der Arbeit abgeschlossen. Um den Überblick über Ihre Literatur und sämtliches zu verwendendes Material zu behalten, müssen Sie eine Materialdokumentation (3) anlegen. Dies bedeutet, dass Sie sich genaue Notizen zu den von Ihnen gesammelten Quellen machen, und beinhaltet Daten zu den einzelnen Büchern (Autor, Titel, Erscheinungsjahr ...), zum Fundort (Signatur der Bibliothek, Webadresse ...) und zum Inhalt der Bücher (grobe Inhaltsangabe, Stichpunkte ...). Wenn Sie den Eindruck haben, genug Informationen gesammelt zu haben, können Sie das Thema Ihrer Arbeit genau bestimmen und auch schon einen Arbeitstitel wählen (4). Sie entwerfen dann eine Gliederung Ihrer Arbeit (5), überlegen sich also, wie der Haupt teil aufgebaut sein soll. Dann beginnen Sie mit dem Schreiben (6) des Fließ textes bzw. mit der genauen Analyse, die Sie vor dem Schreiben der Arbeit anstellen müssen. Vielleicht beinhaltet der Hauptteil Ihrer Arbeit eine empirische Analyse, die Sie in Form eines Fragebogens anstellen. Oder Sie vergleichen zwei literarische Werke? Möglicherweise sammeln Sie bestimmte sprachliche Phänomene in Tageszeitungen? Ihre Untersuchung und das Verfassen der Arbeit gehen Hand in Hand. Sobald Sie interessante Ergebnisse haben, können Sie diese in Ihrem Hauptteil niederschreiben. Auch die Korrektur Ihrer Arbeit (7) begleitet das Schreiben permanent. Sie werden immer wieder Kapitel, Textabschnitte, Sätze korrigieren und umstellen. Sobald Sie die Arbeit abgeschlossen haben, folgt die Endkorrektur.

5. Welchen Nutzen hat ein Zeitplan?

Ein Zeitplan hat für Sie den Vorteil, dass die vor Ihnen liegende Arbeit kein unbekannter riesiger Berg ist, bei dem Sie nicht wissen, auf welchem Weg Sie ihn ersteigen können und wie weit die Entfernung zum Gipfel ist, sondern sie ist wie eine Treppe, auf der Sie Stufe um Stufe geradlinig nach oben laufen.

Passen Sie den Zeitplan genau an Ihre spezifische Situation (Zeitplanung, Arbeitsschritte) an und überprüfen Sie immer wieder, ob Sie sich im Rahmen des Zeitplanes befinden. Die Abbildung kann nur ein grobes Raster zeigen. Mithilfe des Zeitplans schaffen Sie sich gegebenenfalls auch Freiraum, da Sie die benötigte Zeit realistisch einschätzen können und anstehende Arbeitsaufgaben nicht mit schlechtem Gewissen vor sich herschieben.

Im Folgenden sehen Sie den Zeitplan eines Studierenden, der von der Themenwahl bis zur Fertigstellung der Arbeit 12 Wochen Zeit hat

Arbeitsschritte	Woche 1	Woche 2	Woche 3	Woche 4	Woche 5	Woche 6	Woche 7	Woche 8	Woche 9	Woche 10	Woche 11	Woche 12
Überlegungen zum Thema	x	x										
Literatursuche/Literaturauswahl		x	x	x	x	x	x	x	x			
Materialdokumentation		x	x	x	x	x	x	x	x			
Thema und Titel eingrenzen und festlegen			x									
Gliederung der Arbeit erstellen			x									
Verfassen der Arbeit				x	x	x	x	x	x			
Korrigieren und Überarbeiten						x			x	x	x	x

☞ Übung 11

Zeichnen Sie einen möglichst genauen Zeitplan für Ihre wissenschaftliche Arbeit. Passen Sie die Menge der Spalten daran an, wie viele Wochen Ihnen tatsächlich bis zur Abgabe der Arbeit bleiben. Tragen Sie die jeweiligen Daten genau ein (z.B. 14.5.2009, 22.5.2009 ...) und teilen Sie sich die Arbeit sinnvoll und realistisch ein. Wenn Sie sich bereits ein Thema überlegt haben und auch schon mit Literatursuche beschäftigt waren, dann bauen Sie auch die Vergangenheit in den Plan mit ein, um eine lückenlose Übersicht zu erhalten.

Mein Zeitplan für die Arbeit: _____ (Titel)

Kapitel 3

Effektives und kritisches Lesen

Lernziele

In diesem Kapitel stehen die folgenden Fragen im Vordergrund:
1. Wie kann man effektiv lesen?
2. Was soll man vor dem Lesen, während des Lesens sowie nach dem Lesen vor- und nachbereiten?
3. Wie und warum lernt man kritisches Lesen?

1. Warum sollte ich effektives Lesen lernen?

Vor dem und während des Verfassens einer wissenschaftlichen Arbeit müssen Sie sich viel mit der Primärliteratur und der wissenschaftlichen Literatur beschäftigen. Wie können Sie das Wesentliche eines Textes erfassen? Wie unterscheiden Sie zwischen eigener Meinung und dem Inhalt eines Textes? Wie finden Sie in einem langen Text oder einem dicken Buch genau das, was Sie brauchen? Wie können Sie all das erreichen, ohne zu viel Zeit aufzuwenden? Sie sollten lernen, effektiv zu lesen. Es dient nämlich dazu, dass die Menge der gelesenen Texte und die investierte Zeit in einem vernünftigen Verhältnis stehen.

Da Sie beim Lesen unterschiedliche Leseziele haben, sollten Sie unterschiedliche Lesestrategien bzw. Lesestile verwenden.

Leseziel	Lesestil/Lesestrategie
Genau wissen	Detailliertes Lesen / Totales Lesen
Sich einen Eindruck verschaffen	Globales Lesen / Kursorisches Lesen
Eine gewisse spezifische Information finden wollen	Suchendes Lesen / Selektives Lesen
Herausfinden, was die Hauptsache und die Nebensache in einem Text sind	Sortierendes Lesen / Orientierendes Lesen

☞ **Übung 1**

Welche Lesestrategien verwenden Sie in folgenden Situationen?

Leseziel	Lesestrategien
1. Sie wollen durch Überfliegen eines Zeitungsartikels einen Eindruck bekommen, wie es mit einer Sache gerade steht, z.B. wenn Sie in groben Zügen wissen wollen, wie sich die Finanzkrise auf die deutsche Wirtschaft auswirkt.	
2. Sie wollen einen recht umfangreichen Text oder mehrere Texte möglichst schnell durchlesen, um z.B. herauszufinden, ob - und wenn ja – wo darin steht, welche Schriftsteller und Politiker Verständnis dafür haben, dass Grass nicht früher seine Waffen-SS-Mitgliedschaft bekannt hat.	
3. Sie wollen einen Abschnitt aus einem Roman intensiv lesen, um die dargestellte Szene interpretieren zu können.	
4. Sie wollen die Hauptpunkte herausfinden, um eine Zusammenfassung machen oder entscheiden zu können, was Sie genauer lesen müssen und was Sie ohne viel Informationsverlust weglassen können.	

2. Welche Schritte mache ich beim Lesen?

Während des ganzen Leseprozesses heißen die Schlüsselwörter „fragen" und „Antworten suchen".

1) Fragen vor dem Lesen

Wissenschaftliche Texte zu lesen ist anders als ein Gedicht oder einen Roman zu lesen. Lesen an sich ist also nicht das Ziel, sondern Mittel zum Zweck. Ohne Fragen werden Sie von den Texten gesteuert. Vor dem Lesen Fragen zu stellen schützt also vor unsystematischem Lesen und davor, sich in Nebensächlichkeiten und in Einzelheiten zu verlieren. Sie sollten deshalb schon vor dem Lesen der wissenschaftlichen Texte wissen, mit welchem Ziel Sie die Texte lesen. Daher ist vor dem Lesen zu klären:

➢ **Warum lese ich den Text?**

Klarheit über die Leseabsicht hilft bei der Entscheidung, wie viel und wie intensiv Sie lesen sollten: Will ich mir einen Überblick über ein Themengebiet verschaffen? Will ich mich mit der Meinung des Autors auseinandersetzen? Bin ich auf der Suche nach Daten und Fakten?

➢ **Was will ich von dem Text wissen?**

Fragen orientieren das Lesen, geben der Lektüre ein greifbares Ziel und helfen, Lücken in Texten zu entdecken. Ein nützliches Frageinstrument sind die „W-Fragen". Mit Hilfe der W-Fragen lassen sich Titel und (Kapitel-)Überschriften eines Buches oder eines Aufsatzes in Fragen umwandeln. Beim Lesen sollten Sie dann prüfen, ob und wie der Autor die Fragen beantwortet, ob der Text Fragen offen lässt und ob bestimmte Aspekte nicht behandelt sind. Bei der Suche nach Antworten auf die Fragen werden die Texte strukturiert. Sie sollten sich z.B. fragen, wer was macht, und warum oder wie er etwas macht und auch wann und wo er dies tut. Dabei geht es also um die betroffenen Personen, Themen, Ursachen bzw. Zweck, Art und Weise, Ort und Zeit.

☞ **Übung 2**

Sie lesen einen Aufsatz mit dem Titel „Diskriminierung in der Schule". Welche Fragen können Sie sich stellen? Ergänzen Sie die Fragen in der Tabelle.

Frage	Zielt auf	Beispiele
wer	Handelnde Personen, Betroffene, Soziale Gruppen,	*Wer diskriminiert wen in der Schule?*
was	Themen, Schwerpunkte	
warum, wozu	Ursache, Zweck, Grund, Ziel	*Warum gibt es Diskriminierung? Welche Ursachen hat Diskriminierung?*
wie	Art und Weise	
wo	Ort, Geltungsbereich	
wann	Zeit	
Eventuell auch andere W-Fragen je nach dem Inhalt des Textes, z.B.: Wodurch? Womit? Wobei?		

➢ **Was kann ich von dem Text erwarten?**

Es ist unmöglich und auch unnötig, alle zu Ihrem Thema veröffentlichten Bücher und Aufsätze zu lesen. Sie müssen eine Auswahl treffen und die Bücher und Aufsätze aussuchen, die Ihnen weiterhelfen können. Deshalb sollten Sie vor dem Lesen fragen: Was kann ich von diesem Text erwarten? Kann dieser Text meine Fragen beantworten?

Durch diese Überprüfung verlieren Sie keine kostbare Zeit mit belanglosen Texten, die Sie enttäuschen. Stattdessen haben Sie mehr Zeit für die Lektüre relevanter Veröffentlichungen. Dabei müssen Sie die folgenden sieben Punkte beachten:

(1) Titel

Was erfahren Sie vom Titel? Ist der Titel für Ihre eigene Fragestellung relevant? Welche Konkretisierungen oder Enschränkungen werden im Untertitel vorgenommen? Wie lautet bei Übersetzungen der Originaltitel?

Wer ist der Autor? Hat er mehr zum Thema veröffentlicht? Gilt er als Autorität auf diesem Gebiet? Erscheint das Buch in einer Reihe? Wer gibt sie heraus? Wer publiziert in dieser Reihe? Hat der Verlag einen guten Ruf? Gilt er als guter Fachverlag für ein bestimmtes Fach?

(2) Impressum

Das Impressum enthält Angaben über Verlag, Autor, Herausgeber, Erscheinungsjahr usw.

Das Erscheinungsjahr gibt Aufschluss darüber, wie aktuell die dargestellten Forschungsergebnisse sind. Was ein Buch aus den 80er Jahren vermittelt, kann heute überholt sein (muss aber nicht). Wenn man z.B. Informationen und Meinungen über die Bankenkrise 2008 lesen will, findet man sie sicher nur in den neuesten Büchern und Zeitungen. Allerdings müssen Sie auch bedenken, dass das neueste Buch nicht schon das beste sein muss.

Bücher werden ergänzt und überarbeitet. Deshalb wird empfohlen, die neueste Auflage zu lesen, sonst besteht die Gefahr, dass Sie Zeit für die Rezeption überholter Diskussion opfern bzw. übersehen, dass der Autor seine Auffassung geändert hat oder seine Thesen mit neuen Argumenten stützt.

Außerdem spricht die mehrmalige Veröffentlichung eines Buches in gewissem Sinne auch für seine Qualität.

(3) Klappentext

Als Klappentext wird ursprünglich ein auf den Einschlagklappen eines Schutzumschlags stehender Text bezeichnet. Üblich sind eine kurze, werbende Zusammenfassung des Buchinhalts, eine Autorennotiz und gegebenenfalls Hinweise auf weitere Bücher des Verlags. Bei Büchern ohne Schutzumschlag wird dieser Text in der Regel auf der Seite 2, direkt hinter dem Schutztitel platziert. Neben dem eigentlichen Klappentext gibt es häufig weitere Texte auf der Rückseite des Schutzumschlags. Er enthält bevorzugt kurze, die Neugier weckende Zitate aus dem Inhalt oder bei Nachauflagen aus positiven Rezensionen.

Dies ist der Klappentext aus dem Buch „Deutsche Literaturgeschichte":

Seit Erscheinen der ersten Auflage 1979 haben Hunderttausende von Studierenden, Hochschullehrern und Lehrern mit dieser beispiellosen Literaturgeschichte gearbeitet. Gleichzeitig ist diese erfolgreiche Konzeption Vorbild für die Entwicklung von acht weiteren Literaturgeschichten geworden. Ihr Konzept, die Literatur stets im kommunikativen Spannungsfeld der jeweiligen Epochen zu betrachten, hat sich bewährt und gewinnt in Zeiten von kulturwissenschaftlicher Betrachtungsweise in den Geisteswissenschaften neue Aktualität. Für diese sechste Auflage wurde die „Deutsche Literaturgeschichte" vollständig überarbeitet und bis in das Jahr 2000 fortgeführt. In allen Kapiteln werden Ausblicke auf die Einflüsse der Weltliteratur, besonders der europäischen Nachbarländer, gegeben. Zudem haben die Autorinnen und Autoren die Ergebnisse der jüngsten Forschung berücksichtigt und insbesondere Passagen zur Frauenliteratur, zur Kinder- und Jugendliteratur und zu me-dialen Wechselwirkungen ergänzt.

Vollständig neu ist das Kapitel zur „Literarischen Moderne" um die Jahrhundertwende vom Naturalismus bis zum Expressionismus. Ebenfalls für die sechste Auflage neu verfasst wurde das Kapitel über „Tendenzen in der deutschsprachigen Gegenwartsliteratur seit 1989", das die Literaturproduktion der neunziger Jahre vorstellt, aber auch auf die zentralen Tendenzen der unmittelbaren Gegenwartsliteratur eingeht, z.B. auf die Holocaust-Bewältigung, auf Literatur im Internet, auf die so genannte interkulturelle Literatur von Autorinnen und Autoren nicht-deutscher Herkunft sowie auf Autoren als Medienphänomene.

(4) Inhaltsverzeichnis

Das Inhaltsverzeichnis zeigt den Aufbau und die Schwerpunkte der Texte. Es hilft Ihnen bei der Entscheidung, ob das Buch bzw. ein Teil des Buches für Ihre eigene Forschung bzw. Arbeit hilfreich ist.

(5) Vorwort

Hier kann man auch Hinweise auf die Intentionen des Autors und die Zielgruppe finden.

(6) Register

Manche Bücher haben im Anhang Personen- und Sachregister. Anhand dieser Register lässt sich prüfen, ob zentrale bzw. aktuelle Begriffe und wichtige Personen (ausreichend) behandelt bzw. berücksichtigt wurden. Wenn Sie sich nur für bestimmte Personen oder Themen interessieren, können Sie auch mit Hilfe dieser Register rasch die entsprechenden Seiten finden.

(7) Literaturverzeichnis

Aus der Vielzahl, der Breite und der Aktualität der im Literaturverzeichnis aufgeführten Werke erfahren Sie viel über die Qualität einer Veröffentlichung. Die Voraussetzung ist jedoch, dass man sich schon mit dem Fach bzw. dem Thema intensiv beschäftigt hat.

☞ Übung 3

Sie haben drei Themen über Grass zu behandeln, und Sie haben drei Bücher bzw. Artikel gefunden. Welches Buch bzw. welcher Artikel ist für welches Thema geeignete Literatur? Ordnen Sie zu.

Thema	Literatur
Rezeption von Grass	*Ein märchenhafter Roman - Zum „Butt" von Günter Grass*
Märchen bei Grass	*Mütter und Muttermythos in Günter Grass´ Roman „Der Butt"*
Frauenfiguren bei Grass	*Der Dichter im Schussfeld Geschichte und Versagen der Literaturkritik am Beispiel Günter Grass*

☞ **Übung 4**

Kennen Sie folgende wissenschaftliche Verlage oder haben Sie schon Bücher, die dort erschienen sind, gelesen? Informieren Sie sich genauer über Themenbereiche dieser Verlage im Internet.

Verlag	Themenbereiche	Beispiel (Buchtitel nennen)
Peter Lang Verlag		
Wilhelm Fink Verlag		
Walter de Gruyter Verlag		
Reclam Verlag		
Max Niemeyer Verlag		
J.B. Metzler Verlag	Kulturwissenschaft, Literaturwissenschaft, Sprache usw.	Grundbegriffe der Literaturtheorie
Carl Winter Universitätsverlag		
Königshausen & Neumann Verlag		

2) Fragen während des Lesens

Wenn ein Buch Ihnen relevant und interessant erscheint, sollten Sie besser zuerst die Einleitung und den Schlussteil lesen. Das hat zwei Funktionen. Erstens können Sie prüfen, ob das Niveau des Buches für Sie angemessen ist. Zweitens bekommen

Sie schnell einen Eindruck, welche Fragen das Buch stellt und welche Ergebnisse es erzielt.

Wie schon dargelegt, sollten Sie vor dem Lesen Fragen vorbereiten. Beim Lesen suchen Sie dann die Antworten darauf. Nach dem Lesen sollten Sie den Text korrekt wiedergeben können. Sie sollten also den Text inhaltlich und logisch gliedern, d.h. den Inhalt des Textes auf seinen Kern verdichten und logische Zusammenhänge oder Brüche herausarbeiten.

Als Hilfe für die Textwiedergabe sind die Beispielfragen zum Inhalt im Teil „Was will ich von dem Text wissen?" schon dargestellt worden. Bei der Beantwortung der Fragen wird die inhaltliche Struktur des Textes deutlich.

Um einen Text verstehen, beurteilen und kritisieren zu können, müssen Sie die Argumentation, also den logischen Aufbau eines Textes, prüfen. Daher sollten Sie fragen:

Welches Ziel verfolgt der Autor? Hat er das Ziel erreicht? Was will der Autor beweisen? Stellt er eine These auf? Stellt der Autor Fragen? Ist ihm dieser Beweis gelungen?

Wie wird argumentiert? Welche Funktion haben die jeweiligen Textabschnitte? Wird eine These begründet? Werden Beispiele genannt?

Zieht der Autor eine Schlussfolgerung? Ist es eine Verallgemeinerung der Ergebnisse?

Bei der Beantwortung dieser Fragen wird die Argumentationsstruktur des Textes geklärt.

Beim Lesen ist es nützlich, Antworten, Entdeckungen, Verständnis, Fragen und Kritik zu notieren. Auch wichtige Stellen sollten markiert werden, damit Sie sie schnell wiederfinden können. Diese Techniken werden im Teil „Wie notiere ich mir wichtige Textstellen?" ausführlich vorgestellt.

☞ **Übung 5**

Lesen Sie den folgenden Textabschnitt, stellen Sie selbst Fragen dazu und unterstreichen Sie die entsprechenden Stellen im Text oder notieren Sie Stichworte zusammenfassend am Rand.

Textabschnitt	Fragen zum Text
In „Woyzeck" werden zahlreiche Gewalttätigkeiten auf der Bühne gezeigt. Neben dem Mord an Marie steht der Kampf zwischen Woyzeck und dem Tambourmajor, der Streit Maries mit ihrer Nachbarin, Drohungen, verbale Angriffe und Aggressionen unter Alkoholeinfluss. Hinzu kommt, dass alle	

Figuren häufig gezwungen sind, bestimmte Dinge zu tun. Ihr Handeln wird durch soziale Verhältnisse determiniert; sie sind gefangen in gesellschaftlichen Zwängen, die sich zu einem System der Gewalt zusammenfügen.

Mit diesem Thema beschäftigt Büchner sich bereits in seiner Tragödie „Dantons Tod", aber auch außerhalb der literarischen Arbeiten spricht er wiederholt über die Problematik der sozialen Gewalt. In einem Brief an seine Familie fragt Büchner rhetorisch: „Sind wir denn aber nicht in einem ewigen Gewaltzustand?" Es reicht ihm nicht aus, diese Frage bejaht zu wissen; er setzt hinzu, dass die Menschen, die dem Gewaltzustand ausgesetzt sind, sich dessen nicht bewußt sind.

Der „Woyzeck" zeigt die Gesellschaft der Restaurationsepoche als ein System der Gewalt, dem alle unterliegen, ohne dass sie davon wissen. Das Verhängnisvolle für die Hauptfigur Woyzeck besteht darin, dass sie in allen sozialen Beziehungen die Erfahrung machen muss, das Opfer der Gewalt zu sein. Diejenigen, die Woyzeck Gewalt antun, sind alllerdings selber im allgemeinen Gewaltzusammenhang gefangen.

Woyzeck ist dem Hauptmann in der militärischen Hierarchie untergeordnet. Er muss dem Offizier dienstbar sein, wird von ihm verspottet oder bedroht. Um seine Stellung zu behalten, ist der Hauptmann gezwungen, ein sinnloses Leben voller Langeweile und Melancholie zu führen und auf die Befriedigung seiner Triebe zu verzichten.

Der Doktor beherrscht Woyzeck, weil er einen Vertrag mit ihm abgeschlossen hat, der Woyzeck gegen Bezahlung dazu verpflichtet, an sich medizinische Experimente ausführen zu lassen. Auch der Wissenschaftler verhöhnt und bedroht Woyzeck, dessen körperliche und geistige Gesundheit durch die Experimente zerstört wird. Aber der Doktor muss ebenfalls diesen Vertrag abschließen, weil er nur durch disziplinierte Arbeit, die zu konkreten Ergebnissen führt, in der Konkurrenz mit anderen Wissenschaftlern bestehen kann.

Andres befindet sich in der gleichen sozialen Lage wie Woyzeck. Aber er bemüht sich nicht darum, seinen Kameraden zu verstehen oder ihm zu helfen, übt also indirekt Gewalt aus, weil er Woyzeck teilnahmslos einer Situation überläßt, die ihn zerstört. Gleichzeitig nimmt er sich durch sein Verhalten selbst die Möglichkeit, seine Lage zu begreifen und sie, gemeinsam mit Woyzeck und anderen „Armen", zu verbessern.

Der Tambourmajor demütigt Woyzeck, da er ihm als erfolgreicher Rivale bei Marie entgegentritt. Sowohl sprachlich als auch körperlich verhält er sich gegenüber Woyzeck aggressiv; Woyzeck ist sein Opfer. Doch kaschieren der Erfolg und seine Aggressionen lediglich, dass er die Position als Aufsteiger mit sozialer Heimatlosigkeit bezahlt. Er muss die Sinnlosigkeit seiner Existenz mit Imponiergehabe und Alkoholismus überspielen.

Marie verletzt Woyzeck, indem sie ihn mit dem Tambourmajor betrügt. Sie zeigt ihm damit seine körperlich-sexuelle und sozial-materielle Unzulänglichkeit. Doch erkennt sie gleichzeitig soziale Zustände als gegeben und unveränderlich an, die sie zu einem prostitutionsähnlichen Verhalten zwingen. Sie stürzt sich in Gewissenskonflikte und entwickelt ein Schuldbewußtsein, das sie aggressiv gegen sich selbst richtet: „Ich bin doch ein schlecht Mensch. Ich könnt´ mich erstechen." Woyzeck tut ihr also das an, was sie aus eigener Sicht für die gerechte Strafe hält.

Indem Woyzeck Marie tötet, ist er gewalttätig gegen sich selbst. Auch er erkennt nicht, dass Gewalt gegen eine andere Person den allgemeinen Gewaltzusammenhang, der für seine Lage verantwortlich ist, nicht durchbrechen oder auch nur erträglicher machen kann. Woyzeck ist in allen Beziehungen das Opfer. Er wird bedroht und gedemütigt, verhöhnt und verspottet, muss arbeiten, dienen und gehorchen; man schlägt ihn nieder und betrügt ihn; niemand will ihn verstehen oder ihm helfen. Er selbst kann sich nicht helfen; dazu ist er weder körperlich noch intellektuell noch sozial in der Lage. Zwar zeigt er im Gespräch mit dem Hauptmann, dass er ein Gespür für die sozialen Ursachen seiner Situation hat; doch zieht er nicht die notwendigen Konsquenzen. Er zweifelt die „Moral" des Hauptmanns nicht an, stellt ihr keine eigene Moral entgegen. Er erlebt lediglich die Demütigung, die darin liegt, dass er als „armer Kerl" niemals „moralisch" sein kann. Ihm fehlt die Einsicht Büchners, die dieser Gutzkow in einem Brief mitteilt (Straßburg 1836):

> „Ich glaube, man muss in sozialen Dingen von einem absoluten Rechtsgrundsatz ausgehen, die Bildung eines neuen geistigen Lebens im Volk suchen und die abgelebte moderne Gesellschaft zum Teufel gehen lassen."

Dem Doktor liefert sich Woyzeck durch den Vertrag aus, weil er Geld verdienen will, um Marie zu halten und sich und seine „Familie" zu ernähren, zerstört aber seine körperliche und

und geistige Gesundheit und verliert dadurch Marie. Diese Zusammenhänge erkennt er nicht und ist folglich auch nicht in der Lage, sich irgend jemandem, insbesondere Marie oder Andres, verständlich zu machen. Insofern ist die Sprach- und Verständnislosigkeit, die er in der Szene „beim Doctor" in bezug auf die Natur an den Tag legt, bezeichnend für sein Verhalten insgesamt. Was ihm bleibt, ist blinde Gewalt, erlebte und ausgeübte, die Schläge des Tambourmajors und die Ermordung Maries.

(Quelle: Nobert Kinne: Lesehilfe. Gerorg Büchner „Woyzeck". Stuttgart 2003)

3) Fragen nach dem Lesen

Nach dem Lesen sollte man das Ergebnis des Lesens bilanzieren. Auch jetzt sollten Fragen gestellt werden:

➢ Welche Fragen sind beantwortet? Welche nicht?

➢ Was ist unklar geblieben? Wie kann man Klarheit schaffen?

➢ Welche Zusammenhänge sind deutlich geworden?

➢ Was lässt sich verallgemeinern und auf andere Themen übertragen?

➢ In welchem Zusammenhang lohnt es sich, auf den Text zurückzugreifen?

4) Kritisches Lesen

Was in Büchern steht, muss nicht unbedingt richtig sein. Daher müssen Texte kritisch gelesen werden. Als Leser muss man zu den Ansichten eines Autors Distanz wahren, um den Text unvoreingenommen beurteilen und kritisieren zu können. Ein wichtiges Prüfinstrument sind wiederum Fragen.

☞ **Übung 6**

Beim Lesen finden Sie Aussagen über die Realität, über Normen oder über Mittel. D.h.: Ein Autor meint, dass etwas die Realität ist, oder dass etwas die Norm ist, nach der man handeln muss, oder dass etwas das Mittel ist, mit dem man etwas erledigen kann. Dabei müssen Sie beim kritischen Lesen die Richtigkeit dieser Aussagen überprüfen. Sie sollten sich also fragen: Stimmt das? Soll das sein? Funktioniert das? Welche Fragen können Sie beim Prüfen der einzelnen Aussagen stellen?

Aussagen	Beispiele	Fragen
Über die Realität	Es gibt immer mehr weibliche Studierende.	

Über Normen	Alle Studenten sollten ein Auslandssemester machen.	*Soll das so sein? Welche Argumente sprechen für dieses Ziel?*
Über Mittel	Die Abschaffung der Studiengebühren kann die Zahl der Studierenden erhöhen.	

☞ Übung 7

Welche Fragen können Sie sich beim Prüfen des gesamten Textes stellen? Nehmen Sie in Gruppen einen Text und bearbeiten Sie die folgenden Fragen.

➢ Ist diese Fragestellung relevant?

➢ Werden wichtige Fragen ausgeklammert?

➢ Von welchen Voraussetzungen geht der Autor aus? Stimmen die Voraussetzungen?

➢ Ist das angestrebte Ziel sinnvoll?

➢ Hat der Autor überzeugend argumentiert?

➢ Gibt es Widersprüche bei den Voraussetzungen, der Argumentation und den Schlussfolgerungen?

➢ Ist die Methode dem Gegenstand angemessen?

➢ Kann man auf der Grundlage eines Beispiels verallgemeinern?

➢ Ist die relevante Literatur berücksichtigt?

➢ Sind die Quellen zuverlässig?

Wenn Sie beim Lesen Thesen, Fragestellungen, Schlussfolgerungen und Erläuterungen finden, sollten Sie die entsprechenden Sätze oder Satzteile im Text unterstreichen und am Textrand ein Stichwort aus dem Text oder einen Begriff, der den Inhalt zusammenfasst, notieren. Dabei sollten Sie auch die argumentative Funktion einer Textpassage am Textrand notieren.

☞ Übung 8

Es folgen Auszüge aus Texten. Unterstreichen Sie wichtige Textstellen und machen Sie am Textrand Notizen, um den Inhalt zu erfassen und die Argumentationsstruktur zu klären.

Textausschnitte	Notiz
Die Problematik, die Schlink da formuliert und der er nachforscht, betrifft nicht nur gewisse Generationen, nicht nur „du", sondern vor allem „ich". Und er ist auch <u>ein schuldiges Ich</u>, ein nicht schuldfreies Ich, ein vergleichbar schuldiges Ich, das nicht nur andere objektiv beobachtet, kommentiert, verurteilt, sondern auch sich selbst genau analysiert und mit sich selbst ins Gericht geht. Eine solche Ich-Perspektive stammt aus der Einsicht in die eigene Verstrickung in die Schuld.	*Schuld des Ichs* <u>*These*</u>
Die Katastrophe, in die die Verstrickungen münden, erinnert strukturell an das Ende einer Tragödie. Die Figur gelangt wohl zur Einsicht – Hofmiller findet zu jener Liebe, mit der Condor seine blinde Frau liebt - doch kommt die Umkehr zu spät. Der tragische Protagonist, der in einer solchen Konstellation steht, wird vernichtet, erhebt sich aber durch eben diesen Vorgang vom Nichtwissen zum Wissen. Hofmiller ist denn auch als Person zerstört, bezeichnenderweise interessieren die zweiten fünfundzwanzig Jahre seines Lebens nicht mehr und können kursorisch erzählt werden	
Durch die skizzierende Darstellung anhand der ausgesuchten Beispiele kann man sehen, welches Chinabild im Rahmen zweier Ereignisse im Jahre 2003 präsentiert wird. Ob dieses Bild der Wirklichkeit in China entspricht, ist eine schwer zu beantwortende Frage. In unserem Fall gibt es überhaupt nicht *das* China-Bild, sondern nur China-Bilder, aus denen wiederum eine Unmenge von Möglichkeiten entsteht.	
Mein Ziel ist nicht eine ausführliche Interpretation aller Erzählungen in den *Fantasiestücken*. Ich beabsichtige, nach einer kurzen Vorstellung des Begriffs „das Groteske" im Allgemeinen, die grotesken Elemente in Hoffmanns *Fantasiestücken* zu analysieren und anschließend ihre Funktionen zu untersuchen.	

3. Notizen und Markierungen

Hier dienen die Techniken des Notierens nur als Beispiele. Jeder kann sein individuelles Zeichensystem und sein Verfahren für das Notieren erfinden und verwenden. Hauptsache, dass die Notizen Ihnen übersichtlich und verständlich ist.

Markierungen und Notizen im Text	<u>Andere wichtige Stellen unterstreichen wie</u>: - Begriffe, Definitionen - Beispiele - treffende Formulierungen, die später als Zitate dienen können (eventuell mit verschiedenen Farben unterstreichen) * = Verweis auf persönlichen Kommentar am Fuß der Seite
Am Rand anstreichen(|)	Bei mehreren Sätzen bzw. Absätzen größeren Umfangs ist das Unterstreichen unzweckmäßig. So empfiehlt es sich, am Rand anzustreichen.
Am Rand kennzeichnen	! = Zustimmung, gut gesagt ?! = Zweifel ? = Unklarheit, nicht verstanden + = gute Idee, Anregung W = Wiederholung N = Nachlesen - klären D = Definition V = Vergleich S.x = Verweis auf eine andere Stelle, Seite x.
Am Rand notieren	- Verweise auf andere Textstellen - Hinweise auf andere Autoren bzw. Literatur - eigene Kommentierungen und andere Erschließungshilfen zum Verständnis
Am unteren Seitenrand festhalten (gegebenenfalls mit Fußnoten kennzeichnen)	- Worterklärung - Anmerkungen

Lassen Sie sich nicht entmutigen! Sie müssen in einem umfangreichen Text nicht in jedem Abschnitt unterstreichen oder neben jedem Abschnitt etwas notieren. Wie gesagt sind verschiedene Lesestrategien zu verwenden. Wie viel und wie oft Sie markieren und notieren müssen, kommt darauf an, wie intensiv Sie lesen. Ein letzter Hinweis zum Schluss: Markieren Sie dann nur Textstellen im Buch, wenn Ihnen das Buch auch gehört. Bei ausgeliehenen Büchern müssen Sie vorher Kopien machen. Ein nachfolgender Leser des Buches möchte schließlich das Buch unkommentiert lesen. Jede Unterstreichung oder Anmerkung stört.

Kapitel 4

Die ersten Schritte beim Schreiben (Formalia)

Lernziele

In diesem Kapitel lernen Sie Form und Grundgerüst Ihrer Arbeit kennen.

1. Welche Schriftart, welche Schriftgröße, welcher Zeilenabstand sind für meine Arbeit gefordert?
2. Wie sehen die einzelnen Bestandteile meiner Arbeit aus, wie z.B. das Titelblatt, das Inhaltsverzeichnis usw.?
3. Wie und wann muss ich Zitate einfügen, welche Quellen muss ich benennen?

1. Allgemeine formale Richtlinien

Auch wenn Ihre Arbeit bislang noch nicht so weit vorangeschritten ist, dass Sie inhaltlich mit dem Schreiben beginnen könnten, können Sie schon jetzt Ihr Dokument einrichten. Wissenschaftliche Arbeiten sind normiert und weisen bestimmte Formalia auf. So dürfen Sie nicht alle Schrifttypen benutzen, sondern nur Schriften, die man für den Fließtext beim Buchdruck oder in Zeitschriften verwendet. Dies garantiert gute Lesbarkeit. Achten Sie auch auf das Einhalten von Zeilenabstand und Seitenrändern, um dem Betreuer die Korrekturarbeit zu erleichtern. Im Folgenden sehen Sie die allgemeinen formalen Richtlinien, die unbedingt eingehalten werden müssen:

Schriftart	Times New Roman oder Garamond
Schriftgröße	12 (Fußnoten: Schriftgröße 10)
Zeilenabstand	1,5-fach (Fußnoten: 1-fach)
Seitenränder	oben 2,5 cm, unten 2,5 cm, links 3,5 cm, rechts 3 cm
Seitenzahlen	Inhaltsverzeichnis ist Seite 1, Titelblatt enthält keine Seitenangabe, Seitenzahlen oben oder unten, zentriert oder rechts

Achtung: An deutschen Universitäten und vielleicht auch an Ihrer chinesischen Hochschule gelten je nach Universität und je nach Fakultät und Fachbereich unterschiedliche Normen zum Verfassen einer wissenschaftlichen Arbeit. Auch wenn die Abweichungen nicht allzu groß sind, müssen Sie die jeweils geltenden Vorschriften in Bezug auf Seitengestaltung, Literaturverzeichnis, Aufbau usw. einhalten. Diese Regelungen finden Sie entweder im Internet beim jeweiligen Fachbereich oder bei der studentischen Fachschaft. Sie können auch einfach Ihren Dozenten ansprechen und ihn fragen, ob es bestimmte Normvorschriften beim Verfassen der Arbeit gibt. Wenn nicht, können Sie die in diesem Buch dargestellten Regeln und Richtlinien anwenden. Sie müssen also im Hinterkopf behalten: Falls Sie in Deutschland eine wissenschaftliche Arbeit schreiben, fragen Sie nach den dortigen Formvorschriften und halten Sie sich gegebenenfalls an die dort geltenden Normen. Normalerweise teilt der Dozierende, bei dem Sie die Arbeit abgeben müssen, aber von sich aus mit, welche Regeln eingehalten werden müssen.

2. Das Gerüst der Arbeit

1) Titeilblatt

Die erste Seite Ihrer Arbeit enthält das Titelblatt. Die Schrift wird hier zentriert, die Zeilen stehen also jeweils in der Mitte der Seite. Folgende Angaben, wie im dargestellten Beispiel, müssen enthalten sein. Achten Sie auf eine schöne Optik: Das Inhaltsverzeichnis soll übersichtlich aussehen. Was hier Lücken in Form von ?? aufweist, enthält bei Ihnen selbstverständlich Informationen.

Abschlussarbeit im Fach

Deutsch

Universität ??
Deutschabteilung des Fremdspracheninstituts
Betreuer/Betreuerin: ??
Titel der Arbeit: ??
Abgabe am: ??
Verfasser/Verfasserin: ??

2) Inhaltsverzeichnis

Beim Inhaltsverzeichnis ist es besonders wichtig, dass es übersichtlich ist. Wichtige Kapitel oder Hauptabschnitte werden mit einfachen Ziffern versehen (1, 2, 3 ...). Die jeweiligen Unterabschnitte mit weiteren Ziffern (1.1, 1.2, 2.1, 2.2, 2.3, ...). Je kleiner und unwichtiger ein Kapitel ist, desto mehr Ziffern hat es. Sie sollten allerdings möglichst nicht mehr als 3 Ebenen unterteilen (1.1.1, 1.1.2, 1.1.3, 1.1.4 ...), sonst wird der Aufbau unübersichtlich. Eine Untergliederung ist nur dann sinnvoll, wenn es mindestens zwei Unterpunkte gibt. Wollen Sie also beispielsweise das Kapitel 2.1. noch einmal untergliedern, tun Sie dies nur, wenn Sie mindestens zwei Unterpunkte (2.1.1 und 2.1.2) haben.

Das Inhaltsverzeichnis selbst trägt die Seitenzahl 1 und weist den jeweiligen Kapitelüberschriften ebenfalls eine Seitenzahl zu, so dass man direkt zu dem Kapitel blättern kann. Im Folgenden sehen Sie ein Beispiel für ein sehr gelungenes Inhaltsverzeichnis, das aus der Arbeit „Geschlechterdiskriminierung in Deutschland im Vergleich zu China" stammt:

INHALT

☞ **Übung 1**

Lesen Sie das folgende Inhaltsverzeichnis und prüfen Sie, wo korrigiert werden muss und warum.

Thema: Texte deutscher und chinesischer Lieder in der Gegenwart
--- Eine sprachliche und inhaltliche Analyse

INHALT

1 Einleitung

2 Sprachliche Analyse
2.1 Wortwahl
2.2.1 Wörter, die nicht zum allgemeinen Wortschatz gehören
2.2.2 Wendungen
2.2 Satzbau
2.2.1 Überwiegen einfache Sätze oder Satzgefüge
2.2.2 unvollständige Sätze
2.2.3 Wortwiederholung
2.3 Klang
2.3.1 Reim
2.4 Bildlichkeit

3 Inhaltliche Analyse
3.1 Über Politik
3.2 Über kulturelle Vereinigung
3.3 Über die Stelle von Frauen
3.4 Über die Liebe zum Vaterland
3.5 Die herrschenden Stil im Pop-Musik

4 Vorschläge zur weiteren Entwicklung der Pop-Musik

5 Zusammenfassung

6 Literaturverzeichnis

☞ Übung 2

Sie haben nun bereits ein Thema für Ihre Abschlussarbeit festgelegt. Fertigen Sie bitte das Titelblatt und ein grobes Inhaltsverzeichnis Ihrer Arbeit an.

3) Literaturverzeichnis

Das Literaturverzeichnis dient als Nachweis Ihrer Quellen. Es enthält also die von Ihnen verwendeten Bücher, Aufsätze und Internetseiten. Achten Sie darauf, dass Sie niemals vergessen, ein Buch ins Literaturverzeichnis aufzunehmen. Genauso schlimm ist es aber, wenn Sie Werke angeben, die Sie gar nicht verwendet haben. Mithilfe des Literaturverzeichnisses kann der Leser alle Bücher und (alle) anderen Werke suchen und finden und auch in den Büchern nachschlagen, wenn er will. Deshalb ist es sehr wichtig, dass Ihre Angaben ganz exakt sind. Bei jedem Buch geben Sie in der Regel den Vor- und Nachnamen des Autors an, den Buchtitel, das Erscheinungsjahr, die Auflage und den Ort. Wie das im Einzelnen aussieht, sehen Sie übersichtlich in der folgenden Auflistung.

Falls Sie auch chinesische Literatur für Ihre Arbeit verwendet haben, müssen Sie auch diese im Verzeichnis auflisten. In der Regel werden zuerst deutsche Bücher in alphabetischer Reihenfolge aufgelistet und dann die chinesische Literatur. Sie können deutsche und anderssprachige Quellen auch mischen, sollten dann aber die chinesische Literatur auch ins Deutsche übersetzen und sowohl den Originaltitel als auch die Übersetzung angeben.

Nr.	Art der Publikation		Form und Beispiel
1	Publikationen eines Autors	Form	Name, Vorname (Jahreszahl): Titel. Untertitel. Auflage. Ort.
		Bsp.	Brinker, Klaus (1992): Linguistische Textanalyse. Eine Einführung in Grundbegriffe und Methoden. 3. durchges. und erw. Auflage. Mannheim.
2	Publikationen mehrerer Autoren	Form	Name 1, Vorname 1, Vorname 2 Name 2 (Jahreszahl): Titel. Untertitel. Auflage. Ort.
		Bsp.	Bentele, Günter, Ivan Bystrina (1978): Semiotik. Grundlagen und Probleme. Stuttgart, Berlin.
		Bsp.	Allers, Hermann, Boris Fischer u.a. (1999): Das Wort der Wörter. Würzburg.
3	Fachaufsätze	Form	Name, Vorname (Jahreszahl): Titel des Aufsatzes. In: Titel des Buches oder Titel der Zeitschrift, Zeitschriftennummer. Hrsg. v. Vorname Name des Herausgebers. Auflage. Ort. S. x-y.
		Bsp.	Jürgens, Frank (1996): Textsorten und Textmuster. In: Muttersprache, 106. Hrsg. v. Emil Ewig. Gütersloh. S. 220-257.

4	Nachschlage-werke und Lexika	Form	Name des Nachschlagewerkes (Jahreszahl). Hrsg. v. Vorname Name. Auflage. Ort.
		Bsp.	Duden. Das große Wörterbuch der deutschen Sprache in sechs Bänden (1977). Hrsg. u. bearb. v. Wissenschaftlichen Rat und den Mitarbeitern der Dudenredaktion. Mannheim, Wien.
5	Pressepublika-tionen	Form	Name, Vorname: Titel des Artikels. In: Name der Zeitung oder Zeitschrift, Zeitungs- oder Zeitschriftennummer, Jahreszahl. S. x.
		Bsp.	Brost, Marc: Nichts als Wortgefechte. In: Die Zeit, Nr. 44, 2006. S. 1.
6	Internetadres-sen	Form	Name, Vorname des Verfassers oder Name der Organisation (Erscheinungsjahr): Titel/Über-schrift des Dokuments. exakte Internetadresse (Stand: Datum des letzten Besuches)
		Bsp.	Reiche, Danyel (2008): Einführung. Die Energiepolitik. http://www.bpb.de/themen/ A4NZJT,0,Einf%FChrung %3A_Die_Energie politik.html (Stand: 14.02.2009)
7	Nicht-deutsche Literatur	Form	Name, Vorname (Jahreszahl): Titel. Untertitel. Auflage. Ort. (chinesische Quellenangaben)
		Bsp.	Liu, Xingfang (2004): Westliche Medien und journalistische Theorie. Beijing. (刘行芳：西方传媒与新闻，北京2004)

Beim Schreiben Ihres Literaturverzeichnisses müssen Sie außerdem folgende Punkte ganz strikt und genau einhalten:

Das Literaturverzeichnis muss **streng alphabetisch** nach dem Nachnamen des Autors sortiert sein.

Wenn das Buch keine Angaben zum Erscheinungsjahr enthält, schreiben Sie: o.J.

Wenn das Buch keine Angaben zum Erscheinungsort enthält, schreiben Sie: o.O.

Wenn das Buch von mehr als zwei Autoren geschrieben ist, schreiben Sie die Namen der ersten beiden Autoren und kürzen dann mit u. a. ab.

Wenn das Buch keine Angaben zur Auflage enthält, lassen Sie diese Angabe weg. Es handelt sich dann in der Regel um die 1. Auflage.

Wenn Sie Internetadressen ins Literaturverzeichnis aufnehmen, müssen Sie die vollständige Adresse angeben. Die Angabe www.spiegel.de (Stand: 1.11.2006) ist beispielsweise nicht ausreichend. Sie müssen den kompletten Link angeben, also zum Beispiel: http://www.spiegel.de/wirtschaft/0,1518,446031,00.html (Stand: 1.11.2006).

Wenn Ihr Literaturverzeichnis zwei Bücher des gleichen Autors enthält, die noch dazu im selben Jahr erschienen sind, müssen Sie die Jahreszahl mit einem Buchstaben versehen, bspw. (2005a). Alle Angaben, die Sie zum Schreiben des Literaturverzeichnisses brauchen, finden Sie in der Regel auf den ersten Seiten des Buches. Häufig sehen Sie dort auch Abkürzungen, die Ihnen vielleicht unbekannt sind und deshalb kurz erklärt werden sollen. Sie brauchen diese Abkürzungen auch zum Verfassen Ihres Verzeichnisses:

Häufige Abkürzungen	Bedeutung der Abkürzungen
u. a.	und andere (bei mehreren Autoren)
f.	Folgende (wenn ein Artikel zwei Seiten lang ist und auf beispielsweise auf Seite 5 beginnt, reicht die Angabe S.5f.)
Hrsg. v.	Herausgegeben von
Aufl.	Auflage
erw. Aufl.	erweiterte Auflage
durchg. Aufl.	durchgesehene Auflage
überarb. Aufl.	überarbeitete Auflage

☞ **Übung 3**

Sie sollen nun den Aufbau und die Konzeption eines Literaturverzeichnisses üben. Schreiben Sie ein Literaturverzeichnis zu diesen 3 Büchern.

Maria Steinmetz

Fachkommunikation und DaF-Unterricht

Vernetzung von Fachwissen
und Sprachausbildung am
Beispiel eines
Modellstudiengangs in China

Die Deutsche Bibliothek - CIP-Einheitsaufnahme

Steinmetz, Maria:
Fachkommunikation und DaF-Unterricht : Vernetzung von Fachwissen und Sprachausbildung am
Beispiel eines Modellstudiengangs in China / Maria Steinmetz. - München : Iudicium, 2000
  Zugl.: Berlin, Techn. Univ., Diss., 1998
  ISBN 3-89129-618-5

Veröffentlicht auf alterungsbeständigem Papier
Gedruckt mit Unterstützung der Deutschen Forschungsgemeinschaft
D83
© iudicium verlag GmbH
München 2000
Alle Rechte vorbehalten
Gestaltung: eyes-open.de / Sabine Dittrich, Berlin
Druck: ROSCH-Buch, Scheßlitz
Printed in Germany, Imprimé en Allemagne

iudicium

Maximilian Scherner / Arne Ziegler
(Hrsg.)

Angewandte Textlinguistik

Perspektiven für den Deutsch- und
Fremdsprachenunterricht

Gedruckt mit Unterstützung der Westfälischen Wilhelms-Universität Münster.

© 2006 · Narr Francke Attempto Verlag GmbH + Co. KG
Dischingerweg 5 · D-72070 Tübingen

Internet: http://www.narr.de
E-Mail: info@narr.de

Druck und Bindung: Hubert & Co., Göttingen
Printed in Germany

ISSN 1860-7373
ISBN 3-8233-6169-4

gnv **Gunter Narr Verlag Tübingen**

Arbeitsbuch: Literaturwissenschaft

Herausgegeben von

Thomas Eicher und Volker Wiemann

3., vollständig überarbeitete Auflage 2001

Die Deutsche Bibliothek – CIP-Einheitsaufnahme

Arbeitsbuch: Literaturwissenschaft/hrsg. von Thomas Eicher und Volker Wiemann. –
3., vollst. überarb. Aufl.. –
Paderborn; München; Wien; Zürich: Schöningh, 2001
  (UTB für Wissenschaft; 8124)
  ISBN 3-8252-8124-8
  ISBN 3-506-98507-8

Gedruckt auf umweltfreundlichem, chlorfrei gebleichtem
und alterungsbeständigem Papier ⊖ ISO 9706

3., vollständig überarbeitete Auflage 2001

© 1996 Ferdinand Schöningh, Paderborn
(Verlag Ferdinand Schöningh GmbH, Jühenplatz 1, D-33098 Paderborn)
ISBN 3-506-98507-8

Printed in Germany.
Herstellung: Ferdinand Schöningh, Paderborn
Einbandgestaltung: Atelier Reichert, Stuttgart

UTB-Bestellnummer: ISBN 3-8252-8124-8

Ferdinand Schöningh

Paderborn · München · Wien · Zürich

☞ Übung 4

Unterstreichen Sie im folgenden Literaturverzeichnis die Fehler!

- Bourke, Thomas: Stilbruch als Stilmittel. Studien zur Literatur der Spät- und Nachromantik. Mit besonderer Berücksichtigung von E.T.A. Hoffmann, Lord Byron und Heinrich Heine. Peter D. Lang Verlag, Frankfurt a. M..

- Kayser, Wolfgang(1957): Das Groteske. Seine Gestaltung in Malerei und Dichtung. 2. Aufl., Oldenburg.

- Bastian, Myriam Noemi(2005): Dimensionen des Fremden in der fantastischen Literatur. E.T.A. Hoffmann, Edgar Allan Poe und Guy de Maupassant. Tectum Verlag.

- Kimmich, Dorothee, Renner, Rolf G. u.a.(1997): Texte zur Literaturtheorie der Gegenwart. Philipp Reclam jun. Stuttgart.

- Reich-Ranicki, Marcel: Mein lieber Günter Grass. Marcel Reich-Ranick über das Scheitern eines großen Schriftstellers. ... und es muß gesagt werden. Ein Brief von M. R.-R. an Günter Grass zu dessen Roman Ein weites Feld. In: Der Spiegel, 1995.

- Rösch, Gertrud (2006): Hund und Katze 1. Nachricht von den neuesten Schicksalen des Hundes Berganza.

- http://www.uni-regensburg.de/Fakultaeten/phil_Fak_IV/Germanistik/ Roesch/ TierLit-VL/T07berganpap1.pdf

- Pietzcker, Carl(1971): Das Groteske. In: Deutsche Vierteljahrsschrift für Literaturwissenschaft und Geistesgeschichte, Stuttgart.

☞ Übung 5

Fertigen Sie ein einheitliches Literaturverzeichnis an und achten Sie dabei auf die richtige Reihenfolge.

- Burger, Harald (2003): Phraseologie. Eine Einführung am Beispiel des Deutschen. 2. Aufl. Berlin: Erich Schmidt.

- Cui, Xiliang (1997): Chinesische Phraseologismen und die chinesische kulturelle Welt (汉语熟语与中国人文世界). Beijing: Verlag der Universität für Sprachen und Kulturen Beijing.

- Fleischer, Wolfgang (1997): Phraseologie der deutschen Gegenwartssprache. Tübingen: Niemeyer.

- http://de.wikipedia.org/wiki/Präposition (29. 1. 2009)

- http://wulv.uni-greifswald.de/2008_CG_syntax_grammatik_tutorium (30. 1. 2009)

- 童兵：比较新闻传播学。中国人民大学出版社，北京2002。(Tong Bing: Vergleichsjournalistische Verbreitung. Chinesische Volksuniversität Verlag, Beijing, 2002.)

- Dreyer, Hilke & Richard Schmitt. Lehr- und Übungsbuch der deutschen Grammatik. Beijing: Fremdsprachenunterrichts und Forschung Verlag, 2004.

- Hua Zongde & Xiaoying Xu. Das Resümee der deutschen Präpositionen. Beijing: Hochschulbildung Verlag, 2005.

- Li Dongliang. Die neue kontrastive Grammatik des Deutschen und des Englischen. Tianjin: Tianjin Universität Verlag, 2006.

- 李希光、刘康等：妖魔化与媒体轰炸。江苏人民出版社，南京1999。(Li Xiguang/Liu Kang: Ungeheuer und Bombardierung der Medien. Jiangsu Volksverlag, Nanjing, 1999.)

4) Anhang

Den Anhang Ihrer Arbeit bilden Informationen, die zu ausführlich sind, um Sie innerhalb des Fließtextes anzubringen und die den Textfluss, also das Lesen, stören würden. Im Text selbst verweisen Sie nur auf den Anhang. Der Leser kann dann nach Belieben an das Ende der Arbeit blättern und die Zusatzinformation im Anhang betrachten.

Als Anhang können Sie ans Ende der Arbeit setzen:

- Tabellen, v.a. solche, die mehrere Seiten einnehmen
- Fragebögen, die Sie für die Untersuchung verwendet haben
- interne Dokumente (z. B. von Unternehmen), die nicht öffentlich zugänglich sind
- uvm.

Ordnen Sie den Anhang immer in der Reihenfolge, in der das Zusatzmaterial im Text erscheint.

Bei großen Anhängen oder Mediendaten wie Audio- und Videodateien empfiehlt es sich, der Arbeit eine CD-ROM oder DVD als Anhang beizufügen.

3. Zitieren

In einer wissenschaftlichen Arbeit setzen Sie sich mit Meinungen und Aussagen anderer Autoren auseinander. Sie stützen sich auf deren Zahlenangaben oder benutzen deren Aussagen als Beweise für die Richtigkeit einer Angabe. Zitate haben vielerlei Funktionen. Formal wichtig ist, dass Zitate immer nachprüfbar sein müssen. Das bedeutet, dass der Leser ganz genau wissen will, wo er dieses Zitat im Originaltext finden kann. So geben Sie in Ihrem Fließtext schon an, welcher Autor (Nachname), in welchem Jahr auf welcher Seite diese Aussage getroffen hat. Weitere Angaben, wie z.B. den Buchtitel oder die Auflage des Werkes findet der Leser dann in Ihrem Literaturverzeichnis.

Zitate können entweder wörtlich sein oder sinngemäß. Wörtliche Übernahmen stehen immer in Anführungszeichen, sinngemäße Zitate kennzeichnet man mit dem Zusatz vgl. vor dem Namen des zitierten Autors (z.B. vgl. Müller 2008, 15).

1) Funktion von Zitaten

Vorerst soll genau erklärt werden, in welchem Fall Sie Zitate einsetzen können oder sogar müssen.

Funktion des Zitats	Beispiel
Beweis für die Richtigkeit einer Angabe (Beleg)	Immer mehr Deutsche ziehen das Single-Leben der Ehe vor (vgl. Fischer 2006, 13).
Grundlage für die eigene Analyse	Was die Einteilung in Textsorten anbelangt, stütze ich mich in meiner Analyse auf das Differenzierungskriterium Brinkers (2003, 45-48).
Quelle für Informationen, die man nicht selbst herausfinden konnte	Wie Hermann Müller (2006, 33) festgestellt hat, waren im Jahr 2003 43 % aller Ehefrauen in Deutschland berufstätig.
Thesen und Theorien, die man bestätigen, kritisieren, widerlegen oder vergleichen will	Während Müller die Italien-Reise von Goethe als „Flucht vor sich selbst" (Müller 2001, 37f.) deutet, sieht Meyer darin einen „Rückzug aus Deutschland" (Meyer 1999, 23).

Zitate dienen <u>nicht</u> dazu, eigene Gedanken und Argumente zu ersetzen oder sich das eigene Formulieren zu ersparen. Verwenden Sie also nie mehr als 3-4 Zitate pro Seite und achten Sie darauf, dass Ihr Zitat nicht zu lang ist. Außerdem müssen Sie die Zitierregeln genau beachten, die im Folgenden aufgelistet werden.

2) Zitierregeln

- Direkte Zitate müssen in Anführungsstriche und Schlussstriche gesetzt werden: „ "
- Wenn man innerhalb von Zitaten etwas weglässt, muss man dies durch Auslassungspunkte in eckigen Klammern kennzeichnen: [...]
- Wenn man aus grammatischen Gründen etwas in ein Zitat einfügen muss, ist dies ebenfalls zu kennzeichnen.

Originaltext von Franz Holzer	Zitierte Textteile
„Eine Textsortenanalyse, die sich nur auf Textfunktion, Textthema oder grammatische Auffälligkeiten stützt, ist fragwürdig, da wichtige Kriterien außer Acht bleiben."	Franz Holzer vertritt die Auffassung, dass eine „Textsortenanalyse, die sich nur auf Textfunktion, Textthema oder grammatische Auffälligkeiten stützt, [...] fragwürdig [...]" ist, weshalb ich mich im Folgenden auf den weitaus überzeugenderen Kriterienkatalog von Fischer stützen will.

- Die Quellenangabe muss immer den Nachnamen des Autors, das Erscheinungsjahr und die Seitenangabe enthalten: Binder 2005, 13
- Zitiert man das Buch eines Autors auf einer Seite mehrmals hintereinander, so kürzt man die Literaturangabe ab und schreibt: ebd. S. 5
- Der vollständige Titel aller zitierten Werke wird im Literaturverzeichnis angegeben.

3) Redemittel zur Einbettung von Zitaten

- Wie ... festgestellt hat, ...
- In einer Untersuchung von ... zeigte sich ...
- Nach Meinung von ...
- Nach den Ausführungen von ...
- Die Autoren halten es für ein grundsäztliches Problem, dass ...
- ... hat in seiner/ihrer Studie zeigen können, dass ...
- Der Autor interpretiert die bisherige Forschung dahingehend, dass ...
- Nach ... / Laut ...
- ... vertritt die Position, dass ...

4) Authentizität/Kopieren

Verwenden Sie niemals Textpassagen, Formulierungen oder Ideen von (einem) anderen Autor(en), ohne diese als Zitate zu kennzeichnen! Wenn Sie Texte eines Anderen kopieren, so ist das Diebstahl und strafbar!

Sie dürfen auch den Sinn einer Aussage nicht entstellen. Dies bedeutet, dass der Sinn erhalten bleiben muss, wenn Sie ein Zitat kürzen. Im Folgenden finden Sie ein

Beispiel für sinnentstellendes Zitieren. So dürfen Sie es <u>nicht</u> machen! Deshalb wurde das Beispiel auch durchgestrichen.

Originaltextstelle	Falsch zitiert
„Es gibt immer mehr Menschen in Deutschland, die erst im Rentenalter ein Studium beginnen." (Mustermann 2008, 55)	~~Wie Mustermann (2008, 55) feststellt, gibt es „immer mehr Menschen in Deutschland, die [...] ein Studium beginnen."~~

☞ **Übung 6**

a) *Zitierübung: Einleitung und Vorbemerkung zur Seminararbeit „Schönheit und Hässlichkeit in Wolframs Parzivâl". Lesen Sie bitte zuerst den folgenden Text durch und machen Sie dann die Übung.*

Sobald man bei der Lektüre von Wolframs von Eschenbach Parzivâl besonderes Augenmerk auf die Beschreibung der Schönheit der einzelnen Figuren richtet, fällt schnell auf, wie zahlreich diese Schilderungen ausfallen. Von wenigen Ausnahmen abgesehen, kann ich Hanspeter Mario Hubers Feststellung zustimmen, wonach (Zitat 1) _____
_____
_____

Wolfram bemüht sich hierbei nicht, eine naturgetreue, realistische Schilderung der einzelnen Körperteile zu liefern, sondern stellt Ideale vor und beschreibt seine Figuren häufig anhand leuchtmetaphorischer Merkmale. Wie Ingrid Hahn bemerkt, handelt es sich bei dieser Art von Schönheitsdarstellung um eine Neuerung (Zitat 2) _____
_____
_____. Im ersten Teil meiner Arbeit werde ich ausschließlich auf die Schönheitsdarstellung Wolframs eingehen und die Beschreibung hässlicher Figuren unberücksichtigt lassen, da diese eine einfache Negation des Schönen darstellen. Erst bei der Interpretation der Cundrîe werde ich mich intensiver mit der Deutung der Hässlichkeit befassen.

Um herauszufinden, welche Funktion sich hinter Wolframs Schönheitsbeschreibung verbirgt, will ich vorerst untersuchen, wie Wolfram die Äußerlichkeiten der dargestellten Figuren umschreibt und welche Körperteile die Schönheit einer Gestalt bestimmen. Darüber hinaus werde ich herausstellen, wie er die Lichtwirkung seiner Figuren ausdrückt und wie die Lichtmetaphorik gedeutet werden kann. Erst dann kann ich mich der Frage widmen, welche Funktion(en) die Schönheitsbekundungen haben und was sie unter der Oberfläche über die geschilderte Figur aussagen.

Bei der anschließenden genauen Interpretation der Schönheit bzw. Hässlichkeit von Parzivâl, Cundrîe und Orgelûse im zweiten Teil meiner Arbeit will ich Hubers Theorie überprüfen, die besagt, dass einzelne Gestalten und deren Schönheit nicht isoliert betrachtet werden dürften, sondern (Zitat 3) _____ _____ _____ Es erscheint mir interessant, dieser Frage bei der Ausdeutung von Cundrîe und Orgelûse nachzugehen.

b) Bauen Sie bitte nun die fettgedruckten Textteile sinnvoll in den Text ein. Achten Sie auf die formalen Richtlinien zum Zitieren und passen Sie die Grammatik an den Satzbau des Textes an, wenn dies nötig sein sollte.

Zitat 1:

Huber, Hanspeter Mario (1981, 57): „Es ist im höfischen Roman nicht ungewöhnlich, doch im vorliegenden Beispiel besonders auffällig, **dass im Parzivâl alle Personen schön sind.**"

Zitat 2:

Hahn, Ingrid (1975, 208): „**Vor Wolfram begegnet einem die Beschreibung menschlicher Schönheit als Licht oder Leuchten,** wenn man von einzelnen Ausnahmen aus dem Minnesang und Fragmenten aus Liederbüchern absieht, **kaum.**"

Zitat 3:

Huber, Hanspeter Mario (1981, 142): Sieht man sich Einzelfiguren und deren Schönheit an, so läuft man Gefahr, sie falsch zu interpretieren, da Parzivâl Hauptfigur des Romans ist und alle Schönheitsdarstellungen demnach **immer in Funktion auf Parzivâl gedeutet werden müssen.**

5) Was zitiert man nicht?

Zitate sollten **zweckmäßig** sein. Ein Zitat sollte das – und nur das – zum Ausdruck bringen, was man ausdrücken möchte. Enthält ein Zitat Aspekte, die nicht in den Zusammenhang passen, haben die Lesenden Schwierigkeiten, einer Argumentation zu folgen.

Zitate sollten **notwendig** sein. Wenn ein Zitat nicht bei der Argumentation hilft, sollte es lieber weggelassen werden.

Zitate sollten **nicht peinlich** sein. Teile der Allgemeinbildung, Daten und Fakten in Lexika, Triviales und unseriöse Quellen werden nicht zitiert.

☞ **Übung 7**

Sind die folgenden Zitate problematisch? Wenn ja, warum?

Zitat A:

Ein Brief Büchners aus Straßburg an Karl Gutzkow, den Herausgeber von „Dantons Tod", informiert über die sozialkritische Seite des Woyzeck, wobei die Schreibabsicht abzulesen ist.

> „Übrigens, um aufrichtig zu sein, Sie und Ihre Freunde scheinen mir nicht gerade den klügsten Weg gegangen zu sein. Die Gesellschaft mittelst der Idee, von der gebildeten Klasse aus reformieren? Unmöglich! Unsere Zeit ist rein materiell; wären Sie je direkter politisch zu Werken gegangen, so wären Sie bald auf den Punkt gekommen, wo die Reform von selbst aufgehört hätte. Sie werden nie über den Riß zwischen der gebildeten und ungebildeten Gesellschaft hinauskommen.
>
> Ich habe mich überzeugt, die gebildete und wohlhabende Minorität, so viel Konzessionen sie auch von der Gewalt für sich begehrt, wird nie ihr spitzes Verhältnis zur großen Klasse aufgeben wollen. Und die große Klasse selbst? Für sie gibt nur zwei Hebel: materielles Elend und religiöser Fanatismus. Jede Partei, welche diese Hebel anzusetzen versteht, wird siegen. Unsere Zeit braucht Eisen und Brot und dann ein Kreuz oder sonst so was. Ich glaube, man muss in sozialen Dingen von einem absoluten Rechtsgrundsatz ausgehen, die Bildung eines neuen geistigen Lebens im Volke suchen und die abgelebte moderne Gesellschaft zum Teufel gehen lassen. Zu was soll ein Ding wie diese zwischen Himmel und Erde herumlaufen? Das ganze Leben derselben besteht nur in Versuchen, sich die entsetzlichste Langeweile zu vertreiben. Sie mag aussterben, das ist das einzig Neue, was sie noch erleben kann. (Rinsum 1983, 116)"

Zitat B:

Der Roman ist das erinnernde Erzählen und die erzählende Erinnerung. Durch die Erinnerung der Hauptpersonen wird historisch Gewordenes zurückgeholt und mit der jetzt zu erzählenden Geschichte verknüpft. Die Erinnerungen bis zu Wuttkes Geburt bzw. bis Tallhovers Ende in Schädlichs Roman sind literarisch. Die Erinnerung gibt hier der erzählten Zeitgeschichte die Tiefendimension erinnerter Geschichte zurück. Geschichte wird rückblickend als Zeitgeschichte zu erfahren, und Zeitgeschichte wird als Wiederholung scheinbar abgelebter Geschichte zu erleben. Grass hat gesagt, er wolle auf „das alte, bewährte Muster des pikaresken Romans in gewandelter Form zurückgreifen. Sowie Don Quijote und Sancho Pansa oder wie bei Diderot in ‚Jacques le fataliste' Herr und Diener auftreten, wie Bouvard und Pécuchet bei Flaubert die pikaresken Episoden durchspielen und durchleben, sollte dies bei mir ein Paar tun" (Grass, Zimmermann 1999, 321).

Zitat C:

In seiner Kurzgeschichte *Das Brot* betont Borchert die materielle Knappheit durch die Beschreibung der Veränderung der Beziehungen zwischen einem alten Ehepaar. Der Ehemann hat aus Hunger eine Scheibe vom rationierten Brot in der Mitternacht heimlich gegessen. Das Verhalten des Mannes kann in dieser Situation entschuldigt werden. Das Brot ist äußerst knapp und der Hunger tut weh. „Für den Wohlstandsbürger unserer Tage ist es schwer begreiflich, welches Gewicht die Befriedigung elementarer Bedürfnisse in Notzeiten zu erlangen vermag, in denen selbst hochintelligente und wohlerzogene Menschen den letzten Rest ihrer Würde wegen eines zusätzlichen Happens vergaßen." (Gehse 1996, 69)

Zitat D:

Nach Miriam Schulte (1999, 349) sind „Popmusikszenen (...) immer mit bestimmten Codes, Bedeutungen, Lebensstilen, Moden, Medien, Ideologien, Politiken, Handlungen, Orten etc. verknüpft".

4. Fußnoten

Fußnoten kann man einsetzen, um (1) Literaturangaben zu machen, also um bspw. anzugeben, woher ein Zitat stammt. Dies bietet sich insbesondere bei langen Internetadressen oder anderen längeren Quellen an. Fußnoten setzt man auch ein, um (2) Angaben zu weiterer Literatur zu machen, die man in der Arbeit selbst nicht mehr behandeln kann. In Fußnoten erklärt man (3) Fachbegriffe, die dem Leser vielleicht unbekannt sind. Ferner nutzt man Fußnoten, um (4) auf andere Stellen des Fließtextes hinzuweisen, die in diesem Zusammenhang wichtig sind. Die Verwendung von Fußnoten bietet sich außerdem an, wenn man (5) Erklärungen geben will oder Anmerkungen machen möchte.

Zusammenfassend kann man also sagen, dass die Fußnoten dazu dienen, weitere Angaben zu machen und Informationen zu geben, ohne den Fließtext zu stören.

Um die Verwendung der Fußnoten besser zu verstehen, können Sie sich den folgenden Text ansehen und die Übung dazu machen.

☞ Übung 8

Lesen Sie sich den folgenden Text durch und überlegen Sie sich, welche Funktion die Fußnoten jeweils haben.

Textauszug aus einer studentischen Seminararbeit aus dem Bereich „Geschichte":

Die Gründe, weshalb es in Deutschland nicht zu einer der Französischen Revolution vergleichbaren Umwälzung gekommen ist, lagen nur darin, dass die Voraussetzungen dafür fehlten. Erstens basierten im Gegensatz zu Frankreich die reformerischen Gedanken und Entwicklungen wesentlich auf dem aufgeklärten Absolutismus[1] des Preußenkönigs Friedrich des Großen[2]. Zweitens fehlte Deutschland damals eine zentrale Hauptstadt wie Paris. Außerdem schlossen sich im Jahr 1791 die Todfeinde Preußen und Österreich zu einem Bündnis gegen die Revolution zusammen. Doch das Bündnis war nicht stark genug. Im Frieden von Luneville[3] im Jahr 1801 bestätigte das Reich den Verzicht auf Gebiete links des Rheins. Diese Neuordnung von Deutschland nahm im Reichsdeputationshauptschluss von 1803 Gestalt an. Die Mittelstaaten Deutschlands schlossen sich schließlich zum Rheinbund[4] zusammen. [...]

---

[1] Unter „aufgeklärtem Absolutismus" versteht man im 18. Jahrhundert eine Form des Absolutismus, die außerhalb von Frankreich entstanden ist. Der Herrscher wurde nicht mehr als gottesgleich angesehen, sondern war für die Staatsordnung zuständig. (vgl. Müller 1996, 123)

[2] Nähere Angaben zur Person Friedrichs des Großen finden sich bei Fischer 1990, 117f.

[3] vgl. http://de.wikipedia.org/wiki/Frieden_von_Lun%C#%A9ville (Stand: 3.11.2009)

[4] vgl. ebd. und vgl. Ribbe/Rosenbauer (2001, 120ff.)

Funktion von Fußnote 1: _____

Funktion von Fußnote 2: _____

Funktion von Fußnote 3: _____

Funktion von Fußnote 4: _____

5. Leerzeichen

Nun haben Sie bereits viel über Formvorgaben in wissenschaftlichen Arbeiten gelesen und haben auch schon das Titelblatt Ihrer Arbeit getippt. Vielleicht waren Sie hierbei unsicher, wann Sie ein Leerzeichen setzen sollten? Vor oder nach dem Doppelpunkt? Die Regeln sind einfach:

Bei	, . ? ! :	ein Leerzeichen danach, nicht davor
Bei	-	Bindestrich (Der Kapitän - nicht mehr ganz jung - heiratete eine junge Brasilianerin.) Leerzeichen davor und danach
Bei	-	Komposita (Schiffahrt-Gesellschaft) kein Leerzeichen
Bei	„ "	Anführungszeichen ein Leerzeichen davor, bei Schlusszeichen ein Leerzeichen danach (Seine Meinung zur Wiener Moderne war: „Es ist der Höhepunkt menschlicher Beschreibungskunst." Überdies konstatierte er ...)
Bei	( )	öffnender Klammer Leerzeichen davor, bei schließender Klammer Leerzeichen danach oder Satzzeichen.
Bei	4.5.1976	Datumsangaben oder Zahlen (5,4 m, Kapitel 2.1.2) keine Leerzeichen nach Punkt oder Komma
Bei	[1]	Fußnoten Leerzeichen danach oder Satzzeichen

☞ **Übung 9**

Prüfen Sie die Leerzeichen im folgenden Text. Unterstreichen Sie die Stellen, in denen Leerzeichen fehlen oder zu viel sind und notieren Sie die richtige Schreibweise in der rechten Spalte.

Originaltext	Verbesserung
1.2 Begriffserklärungen Politiker streben nach der Zustimmung und Überzeugung vom Publikum. Dies geschieht im Wesentlichen durch Sprache. Sprache ist nicht nur ein Instrument der Politik, sondern überhaupt für die Politiker die Voraussetzung, um ihre politischen Gedanken durchzusetzen. Sprache in der Politik bedeutet vor allem sprachliches Handeln in der Politik. Die Handlungspotenz von Sprache ist für die Politik konstitutiv. Der Politiker Erhard Eppler hat schon früh diesen Punkt erwähnt, indem er sagte, man könne: „ nicht säuberlich unterscheiden zwischen Reden und Tun, weil das Reden sehr wohl Handeln bedeutet" (Eppler 1992, 7) Die Metapher -traditionell als die wichtigste der rhetorischen Figuren- , so definiert Aristoteles, „ ist die Übertragung eines Wortes (das somit in uneigentlicher Bedeutung verwendet wird, [...]nach den Regeln der Analogie [...] das Alter verhält sich zum Leben , wie der Abend zum Tag ; der Dichter nennt also den Abend `Alter des Tages`, oder, wie Empedokles, das Alter` Abend des Lebens` oder `Sonnenuntergang des Lebens`" [1] . Bei dieser Definition handelt es sich um einen abgekürzten Vergleich bzw. eine Ersetzung des `eigentlichen` durch einen metaphorisch `uneigentlichen` Ausdruck nach dem Kriterium der Entsprechung bzw. der Ähnlichkeit. **1.3 Der Aufbau** Im zweiten Teil der vorliegenden Arbeit wird der Begriff der kognitiven Metapherntheorie von Lakoff und Johnson vorgestellt. Im dritten Teil wird u.a über politische Sprache inklusive politischer Sprachen und politischer Metaphorik besprochen. Die politische Sprache hat ihre eigenen Eigenschaften. Und natürlich unterscheiden sich die Metaphern in der politischen Sprache von den Metaphern z.B. in der Literatur. Im vierten Teil stelle ich die politische Metaphorik durch zwei häufig in der politischen Sprache auftretendeBeispiele dar. Danach beschäftige ich mich mit den ausgewählten Metaphern in Bezug auf die deusche Wiedervereinigung von 1989. Der Auseinandersetzung mit diesen Metaphern liegt die kognitive Metapherntheorie von Lakoff und Johnson zugrunde. --- [1] Poetik, Kap.21	

☞ Übung 10

Bitte fügen Sie die richtigen Satzzeichen in die passenden Kästchen ein und lassen Sie die Kästchen für Leerzeichen frei. Fügen Sie ebenfalls die zwei Fußnoten an der richtigen Stelle ein. Welche Funktion haben hier die Fußnoten?

Die Anfänge des journalistischen Interviews[1] □

Als Vorläufer des journalistischen Interviews gilt eine neue Form des Polizeiberichts□□1836 wurde die Befragung einer Zeugin in einem Prozess als Frage-Antwort-Dialog notiert□□Eingeführt wurde die feste Bezeichnung □□Interview□□für eine journalistische Textsorte durch einen von Irland nach Amerika übergesiedelten Reporter namens Joseph Burbridge McCullagh im Jahre 1867□□Als Vertrauter des amerikanischen Präsidenten Andrew Johnson begann er mit einer Reihe von Exklusiv-Interviews mit dem Präsidenten□□die jedoch anfangs nur teilweise positiv aufgenommen wurden□□teilweise auch Kritiker auf den Plan riefen□□Nicht nur in den USA□□sondern ebenso in England fand die Methode des journalistischen Interviews mit der Zeit Anklang□□Ende des 19. Jahrhunderts siedelte sich das Interview bereits im deutschsprachigen Raum an und wurde als publizistische Gattung geschätzt: vom Interviewten□□da es eine gute Chance war□□sich der breiten Masse zuzuwenden□□auch im Ausland□; von der Presse, da ein Interview mit einer renommierten Persönlichkeit das eigene Image aufbesserte.

Die Methodik der Interviewführung unterschied sich aber zu dieser Zeit stark von der heutigen□□[Doppelpunkt] Das Gesprächsgeschehen fand meist auf der Basis der Erinnerung des Journalisten seine berichtende Verschriftlichung. So gab beispielsweise der Journalist Monsieur des Houx 1892 freimütig zu verstehen□□□Ich habe keine Notizen vom Gespräch mit Bismarck gemacht□□□□Haller 2001□□33□□□Es handelte sich damals auch nicht um eine Verschriftlichung in Dialogform, sondern eine Nacherzählung des Geschehens.

Das Interview als Textsorte einer unvoreingenommenen, kritischen und unabhängigen Publizistik etablierte sich in Deutschland erst nach dem Zweiten Weltkrieg. Es entwickelte sich nicht nur als journalistische Gattung der Presse, sondern innerhalb sämtlicher publizistischer Medien□□□vom Hörfunk über das Fernsehen bis hin zum Internet□□□zur häufig eingesetzten Textsorte□

---

[1] Die Informationen in diesem Kapitel sind Haller□□2001□□1-35□□entnommen.
[2] Nähere Informationen zum journalistischen Interview nach dem Zweiten Weltkrieg finden sich bei Analyse der Einzelmedien in den jeweiligen Kapiteln.

Kapitel 5

Argumentation und Gliederung der Arbeit

> ### *Lernziele*
>
> In diesem Kapitel lernen Sie, wie Sie Ihre Arbeit argumentativ aufbauen und gliedern können. Es stehen folgende Fragen im Vordergrund:
>
> 1. Welche Argumentationsstruktur ist für den Aufbau meiner Arbeit sinnvoll?
> 2. Wie kann ich meine Arbeit gut gliedern?
> 3. Wie kann ich innerhalb meiner Arbeit überzeugend argumentieren?

☞ **Übung 1**

Stellen Sie sich folgende Situation vor: Der Sprecher einer Eliteuniversität in Deutschland informiert, dass die Hochschule künftig die Studierfähigkeit ausländischer Studierender mit einem neuen Testverfahren ermitteln wolle. Neben „Deutschen Sprachkenntnissen" solle eine mündliche Prüfung die Fertigkeiten „Humor" und „Kreativität" testen. Wer die Prüfung nicht bestehen könne, bekomme keinen Studienplatz. Dieses Testverfahren solle auf Wunsch der Professoren etabliert werden. Die Studierenden sind verärgert über das Prüfen solcher unwichtiger Fertigkeiten. Die Entscheidung, ob diese Testform rechtlich zulässig sei, müsse jedoch der zuständige Bildungsminister fällen.

1) Wählen Sie in Ihrer Klasse 1 Minister und 3 Berater.

2) Teilen Sie den Rest der Klasse in zwei Gruppen auf: die erste Gruppe (Gruppe A) spielt ausländische Studienplatzbewerber (Studierende), die zweite Gruppe (Gruppe B) besteht aus Professoren der Eliteuniversität.

3) Es ist Aufgabe der beiden Gruppen, den Minister und die Berater mit guten Argumenten von Ihrer Ansicht zu überzeugen. Die Diskussion soll etwa 10 Minuten dauern. Danach unterhält sich der Minister kurz mit seinen Beratern und formuliert einen eigenen Standpunkt.
Sie sehen hier noch einmal die Aufgabenverteilung im Überblick.

Gruppe A:
Standpunkt: „Die Prüfung ist sinnlos, unfair, denn ...

Gruppe B:
Standpunkt: Die Prüfung ist sinnvoll, fair, denn ...

Minister und Berater:

Eigener Standpunkt:

„..."

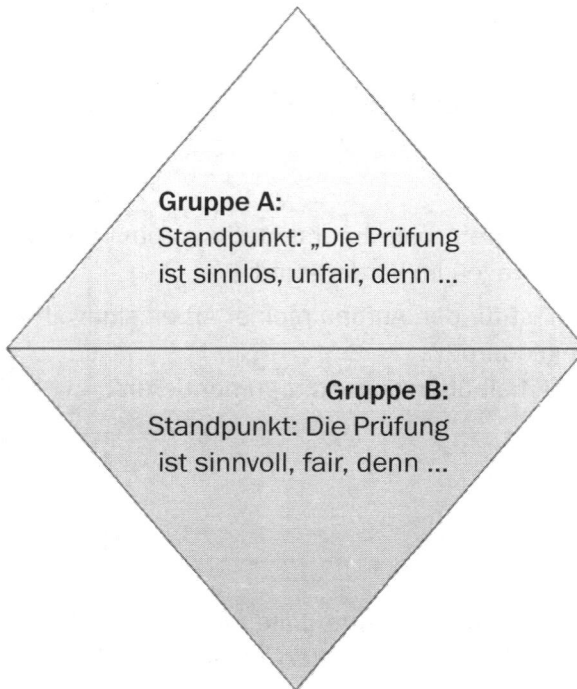

1. Argumentationsstruktur

Um den Hauptteil Ihrer Arbeit nach wissenschaftlichen Grundsätzen zu gestalten, müssen Sie logisch und schlüssig argumentieren. An dieser Stelle ist nicht der Aufbau von Einzelargumenten gemeint, sondern der Gesamtaufbau des Hauptteils. Bereits bei Erstellung der Gliederung Ihrer Arbeit machen Sie sich Gedanken, wie Sie Ihre Arbeit strukturieren wollen. Im Folgenden sollen Sie lernen, wie Sie Ihre Arbeit argumentativ aufbauen und Ihre Ergebnisse überzeugend darlegen können.

Zwei für die germanistische Forschung wichtige Argumentationsformeln werden bei Kropp/Huber (2006, 35) unter den Bezeichnungen „Standpunktformel" und „Vergleichsformel" angeführt.

1) Vergleichsformel

Unter der Bezeichnung „Vergleichsformel" versteht man ein Argumentationsverfahren, bei dem man verschiedene wissenschaftliche Aussagen, Meinungen, Leitlinien, Richtungen innerhalb eines Fachgebietes, einer Teildisziplin, einer wissenschaftlichen Thematik genau darlegt und nachvollzieht. Der dargestellte Standpunkt muss schlüssig bewiesen werden.

Meist geschieht dies durch Textbeispiele, durch Untersuchungsergebnisse oder logische Schlüsse. Mehrere Standpunkte werden auf diese Art und Weise dargelegt und deren Stärke und Schwäche analysiert, so dass man am Ende der Argumentationskette einen Überblick über die bisherigen Forschungsergebnisse erhalten hat sowie deren Stärken und Schwächen nachvollziehen kann. Im Anschluss daran legt der Autor seinen eigenen neuen bzw. modifizierten Standpunkt dar, den er ebenfalls ausführlich begründet. Ziel ist es, den Leser von eben diesem Standpunkt zu überzeugen.

Das Argumentationsmodell sieht in der übersichtlichen Darstellung wie folgt aus. Je nach Anzahl der dargestellten Standpunkte schließt die Vergleichsformel mindestens sechs Schritte ein:

Darstellen eines Standpunkts A
Begründen des Standpunkts A, Beweise anführen (Zitate, Textbeispiele)
Darstellen eines Standpunkts B
Begründen des Standpunkts B, Beweise anführen (Zitate, Textbeispiele)
Darstellen des eigenen Standpunkts
Begründen des eigenen Standpunkts, Beweise anführen (Zitate, Textbeispiele)

Diese Argumentationsstruktur kann Grundlage für den Aufbau der gesamten Arbeit sein, wenn man zwei wissenschaftliche Standpunkte ausführlich diskutiert und gegeneinander abwägt. Doch auch innerhalb einzelner Kapitel kann das hier vorgestellte Argumentationsverfahren Anwendung finden, wie das folgende Beispiel zeigt.

Der Universitätspräsident Wang Zhirong ist der Meinung, dass junge Leute ein Auslandsstudium machen sollten, da es von großem persönlichen Nutzen für sie ist: „Sie können vom Auslandsstudium viel profitieren und das Auslandsstudium wirkt sich positiv auf ihre spätere Karriere und ihr Leben aus" (Fischer 2003, S. 87). Erstens seien die Studenten selbständiger, wenn sie im Ausland studieren und alles selbst erledigen müssen. Zweitens seien die Universi-	Darstellen eines Standpunkts A Begründen des Standpunkts A, Beweise anführen

täten in Europa und den USA meistens besser als die in China, egal, ob in der Lehre oder in der Forschung (vgl. ebd. S. 90). Auch der Bildungswissenschaftler Mao Bin spricht sich für das Auslandsstudium aus und begründet dies mit der Praxisrelevanz: „Das Studium im Ausland ist meist praxisbezogen und die Studenten haben viele Gelegenheiten, ein Praktikum zu machen." (Meyer 2003, S. 90f.) Der wichtigste Grund liege jedoch darin, dass die Absolventen ausländischer Universitäten oft konkurrenzfähiger als die der chinesischen Universitäten sind und bessere Chancen hätten, eine gute Arbeitsstelle zu finden. Er begründet diese Ansicht folgendermaßen: „Man hat sowohl die Chance, im Ausland zu arbeiten, als auch in China eine Arbeit zu finden, wenn man im Ausland studiert hat." (ebd., S. 91) …	(Zitate, Textbeispiele)
Diese Ansicht wird jedoch nicht von allen Pädagogen geteilt. So schreibt Elisabeth Reber in ihrem Buch „Bildungschancen und Bildungsrisiken", dass das Auslandsstudium sinnlos und einfach Verschwendung von Zeit und Geld sei. (vgl. Reber 2009, S. 5) Erstens gebe es im Ausland viele Hochschulen, die nicht qualifiziert in Lehre und Forschung sind. Die Studenten könnten dort kaum etwas Nützliches für ihre spätere Berufspraxis lernen. Zweitens sei es eine große finanzielle Belastung für viele Eltern, ihre Kinder zum Studium ins Ausland zu schicken. (vgl. ebd., S. 9) Ein Stipendium ist sicherlich keine Option für die Masse an Studierenden. Diese Meinung vertritt auch Marlies Lesert, die sich an der Universität Potsdam mit der „Employability" deutscher Hochschulabsolventen beschäftigt. Sie führt außerdem die psychische Belastung der Studierenden an und nennt einige konkrete Beispiele: „Viele Studenten im Ausland können sich nicht einleben, fühlen sich einsam und hilflos, werden drogenabhängig oder psychisch krank, und schließlich müssen sie zurückkehren, ohne das Studium abgeschlossen zu haben." (Lesert 2007, S. 99) …	Darstellen eines Standpunkts B Begründen des Standpunkts B, Beweise anführen (Zitate, Textbeispiele)

Meiner Ansicht nach ist das Auslandsstudium zwar kein Muss, aber auf jeden Fall ein Plus. Mithilfe einer Fragebogenanalyse unter 100 chinesischen Absolventen der Universität Göttingen habe ich die persönliche Einschätzung der ehemaligen Studierenden über Vor- und Nachteile des Auslandsstudiums erfragt. 95% der Befragten sind heute im Berufsleben. Auf die Ergebnisse dieser Untersuchung will ich mich bei meinen nun folgenden Ausführungen stützen.	Darstellen des eigenen Standpunkts
70% der Befragten sind der Meinung, dass das Auslandsstudium einem Studenten viel Nutzen bringt, da man viel Neues erfährt und eine andere Perspektive kennen lernt. …	Begründen des eigenen Standpunkts, Beweise anführen (Zitate, Textbeispiele)
(Darstellung weiterer Ergebnisse der Fragebogenanalyse)	

2) Standpunktformel

Je nach Themengebiet kann es sein, dass sich die „Standpunktformel" als Argumentationsverfahren innerhalb des Hauptteils besser eignet. Sie besteht im Wesentlichen aus vier Schritten und gleicht einem deduktiven Schlussverfahren. Der Autor der Arbeit stellt eine Arbeitshypothese auf und formuliert seinen eigenen Standpunkt bezüglich einer wissenschaftlichen Fragestellung. Meist kann man bereits an der Formulierung des Themas erkennen, ob eine Arbeit deduktiv angelegt ist. Lautet der Titel einer Seminararbeit bspw. „Die Zerstörung der deutschen Sprache durch Anglizismen", so hat der Autor bereits eine Stellungnahme und Wertung abgegeben. In diesem Fall ist er der Meinung, dass die Aufnahme von Fremdwörtern aus dem Englischen eine sehr negative Tendenz innerhalb der deutschen Sprachentwicklung darstellt. Im Hauptteil seiner Arbeit kann man demnach Argumente und Beweise für diese Aussage erwarten. In der Übersicht sieht die „Standpunktformel" wie folgt aus:

Formulieren eines eigenen Standpunkts
Begründen des Standpunkts
Beweise anführen, die diesen Standpunkt stützen (Zitate, Textbeispiele)
Eine Schlussfolgerung aus dem Bewiesenen ziehen

Im Folgenden sehen Sie eine Arbeit, deren Aufbau sich nach der Standpunktformel richtet. Bereits der Titel gibt Hinweise darauf, welches Argumentationsverfahren angewandt wurde: Die Kritik am Großbürgertum Österreichs und seine metaphorische Bedeutung am Beispiel des Werks „Auslöschung – ein Zerfall" von Thomas Bernhard.

☞ **Übung 2**

Lesen Sie bitte die folgenden Auszüge der Hausarbeit durch und unterstreichen Sie, wo Sie Elemente der Standpunktformel finden. Wo formuliert der Autor einen eigenen Standpunkt? Wo begründet er diesen Standpunkt? Wo finden Sie Beweise, die den Standpunkt stützen? Welche Schlussfolgerung zieht er aus dem Bewiesenen? Machen Sie sich bitte Notizen in der rechten Spalte.

Auszüge aus einer Hausarbeit	Eigene Notizen
Aus der Einleitung: In seinem 1986 erschienenen, letzten und umfangreichsten prosaischen Werk „Auslöschung - Ein Zerfall" schildert Thomas Bernhard die Lebensgeschichte Franz-Josef Muraus, dessen Existenz und Leben aufs engste mit dem Ort seiner Geburt verwoben ist. Bernhard verwendet die Metapher Wolfsegg zur Verdeutlichung seiner Intention im Sinne der drei Hauptmotive. Am Beispiel dieses Ortes und der dort in einem schlossartigen Gebäudekomplex lebenden Familie Murau manifestiert der Autor seine Kritik am Großbürgertum Österreichs und damit gleichzeitig auch dessen sich, seiner Meinung nach, wieder bildende bzw. nie verschwundene nationalsozialistische Mentalität und die damit verbundene Hilflosigkeit des Staates Österreich.	
Aus dem Hauptteil der Arbeit: Wie ein roter Faden zieht sich durch die gesamte Erzählung die Darstellung der Mutter des Protagonisten; sie ist die Person, um deren Charakterschilderung sich der Ich-Erzähler dieser Erzählung am meisten bemüht. Früh wird klar, dass Murau die Figur der Mutter als das Böse selbst klassifiziert und sie somit als Verursacherin seiner traumatischen und daher äußerst prägenden Kindheit sieht.	

Besonders deutlich wird dies anhand einer der vielen Episoden, die der Ich-Erzähler immer wieder zur Veranschaulichung seiner Thesen verwendet: Der etwa zehnjährige Murau, der über die Lektüre des „Siebenkäs" von Jean Paul in einer der Wolfsegger Bibliotheken das von ihm üblicherweise übernommene Sortieren der mütterliche Post vergisst, wird von der Mutter der „Verfolgung seiner abwegigen Gedanken" (Bernhard 1996, S. 18) bezichtigt und von ihr als „Unmensch" bezeichnet. Sie straft ein zitterndes, zehnjähriges Kind darauf mit Nichtachtung, der wahrscheinlich schlimmsten Sanktion überhaupt für ein Kind, das doch gar nicht weiß, was es falsch gemacht haben soll.

Die wahren Unmenschen dieser Erzählung sind jedoch die Eltern. Sie, insbesondere die Mutter, verweigern sich jeglicher Form der Bildung nach Beendigung ihrer Schulzeit; der Ich-Erzähler wirft ihnen wiederholt vor, nicht die geringste Hochachtung vor den Geisteserzeugnissen - also Literatur, Musik und Kunst - zu haben. Nie hat die Mutter ein gutes Buch zur Hand genommen (dies wird deutlich, als Murau bei einem Besuch der Mutter in seiner jetzigen Heimat Rom von eben jener gefragt wird, wer denn Kafka sei) und Konzertbesuche dienten ihr lediglich zur Vorführung ihrer neusten, laut Murau naturgemäß geschmacklosen Kleider und langweilten sie ansonsten zutiefst. Die fünf (!) Wolfsegger Bibliotheken, welche von den Großeltern eingerichtet worden waren, werden von den Eltern verschlossen gehalten, als gelte es, die Bildung und damit verbunden auch die Erweiterung ihrer Erkenntnisse und die Stärkung ihres Charakters Trott, welcher von ihnen nicht mehr als den traditionellen Stumpfsinn forderte, der ihnen angeboren war." (...)

Aus dem Schluss der Arbeit:

(...) Murau versucht seinem Schüler zu vermitteln, dass man nur durch Übertreibung etwas begreiflich machen kann. „Der Erzähler skizziert mit seinem Verweis auf die Übertreibungskunst die elementare literarische Konstitution des gesamten Romans." (Korte 1991, S. 89) Ziel dieser Kunst kann nun naturgemäß nicht das möglichst reale Spiegeln der Wirklichkeit sein, nicht aber, wie Wolfsegg tatsächlich war oder wie gefährlich die nationalsozialistischen Tendenzen im heutigen Österreich und Deutschland sind; sie verfolgt einen anderen Zweck. Dieser liegt in der Destruktion der Welt und des Lebens in Form eines fortwährenden Monologs und selbst dieser monumentale Monolog ist nicht vor seiner eigenen Auslöschung, im Sinne seiner Irrelevanz, geschützt, denn es kommt durchaus vor, dass eine immer wieder auf die Spitze getriebene Beschimpfungsrhetorik immer wieder relativiert wird bis hin zur Feststellung, es gebe im Grunde „keinerlei Ursache, fortwährend über Wolfsegg als eine Katastrophe zu reden." (Bernhard 1996, S. 105) „Ihr geht es also nicht um eine bloße Verzerrung und Überzeichung der Perspektive, um die Übertreibung des episch Mitgeteilten, sondern um einen, wie es im Roman heißt, „Übertreibungsfanatismus" (Bernhard 1996, S. 611), der jede episch verbürgte Ordnung der Welt auflöst und den Erzähler in einen großen „Übertreibungskünstler" (Bernhard 1996, S. 612) verwandelt.

(...)

Zusammenfassend ist festzustellen, dass der Titel des Romans, „Auslöschung - Ein Zerfall" das Hauptmotiv darstellt, „denn Auslöschung nennt Murau das Handeln der staatlichen Gewalt („Die Auslöscher und die Umbringer bringen die Städte um und löschen sie aus und bringen die Landschaft um und löschen sie aus. Sie sitzen auf ihren dicken Ärschen in den Tausenden und Hunderttausenden von Ämtern in allen Winkel des Staates." (Bernhard 1996, S. 113)), Auslöschung ist die Umschreibung für jene schmerzhafte und deprimierende Rekonstruktion der eigenen Lebensgeschichte von früher Kindheit an, Auslöschung aber ist zugleich eine der Romanmetaphern für die Befreiung aus jener Familiengeschichte, in die der Erzähler gänzlich verstrickt ist, und schließlich der Grund des eigenen Schreibens, das in einem einzigen Wort das Selbstbild des Protagonisten ausdrückt." (Korte 1996, S. 98)

Quelle: http://www.hausarbeiten.de/faecher/vorschau/106265.html (Stand: 10.10.2009)

3) Induktive Schlussfolgerung

Ein weiteres Argumentationsverfahren, das in der Germanistik üblich ist, ist die „induktive Schlussfolgerung". Oft anhand eines Textkorpus werden bestimmte Phänomene analysiert und verglichen. So kann man sich beispielsweise bei linguistischen Themengebieten vorstellen, dass ein Studierender den Gebrauch einer bestimmten Wortart innerhalb einer Textsorte analysiert. Der Titel *Funktion und Verwendung von Modalverben in Zeitungsüberschriften der Bild-Zeitung* deutet sehr stark auf eine Arbeit mit induktivem Schlussverfahren hin. Grundlage ist hierbei ein fest umgrenztes Textkorpus, das Textsorte, Medium und untersuchte Wortart genau festlegt. Genau genommen ist sogar nur ein Teil der Textsorte, nämlich die Überschrift, Analysegegenstand und auch nur von einer Zeitungspublikation, der Bild-Zeitung, die Rede. Die verschiedenen Textbeispiele werden herausgesucht und nach ihrer Funktion kategorisiert. Aus den gesammelten Einzelfällen lässt sich schließlich eine allgemeine Regel oder Schlussfolgerung ableiten. Diese Vorgehensweise ist ebenso für literaturwissenschaftliche Arbeiten geeignet. Untersucht man beispielsweise die Funktion der Schönheit in mittelalterlichen Texten wie dem „Parzival", so bietet es sich an, Textstellen zu sammeln, die mit Schönheit in Zusammenhang stehen. Diese Textzitate werden ebenfalls kategorisiert und ausgewertet, so dass der Autor am Ende der Arbeit eine begründete Schlussfolgerung ziehen kann. Ein induktives Schlussverfahren sieht im Überblick wie folgt aus:

Sammeln von Einzelphänomenen
Kategorisierung von Einzelphänomenen
Schlussfolgerung ziehen / Regel formulieren

Im folgenden Textausschnitt können Sie einen groben Überblick über dieses Argumentationsverfahren bekommen.

Gliederung der Argumentationsstruktur

- **Deutche Modalverben in Überschriften von Internet-Nachrichten**
  Verwendungssituation der deutschen Modalverben
  Verwendung der dt. Modalverben und Textklassen der Internet-Nachrichten
    Modalverben in informationsbetonten Texten / in meinungsbetonten Texten / in auffordernden Texten / in instruierend-anweisenden Texten / in kontaktorientierten Texten
  Verwendung der dt. Modalverben und Inhalt der Internet-Nachrichten
- **Chinesische Modalverben in Überschriften von Internet-Nachrichten**
  Verwendungssituation der chinesischen Modalverben
  Verwendung der chin. Modalverben und Textklassen der Internet-Nachrichten
    Modalverben in informationsbetonten Texten / in meinungsbetonten Texten / in auffordernden Texten / in instruierend-anweisenden Texten / in kontaktorientierten Texten
  Verwendung der chin. Modalverben und Inhalt der Internet-Nachrichten
- **Besonderheiten der dt. und chin. Modalverben in Überschriften von Internet- Nachrichten.**
    Besonderheiten der deutschen Modalverben
    Besonderheiten der chinesischen Modalverben

Sammeln von Einzelphänomenen

Verwendungssituation der deutschen Modalverben in Überschriften von Internet-Nachrichten

Das folgende Diagramm macht die Verwendungssituation der deutschen Modal-verben *(können, müssen, wollen, dürfen, sollen und mögen)* in Überschriften von Nachrichten in der Webseite von dem *Bild* (http://www.bild.t-online.de) vom 1. bis zum 7. April 2007 deutlich:

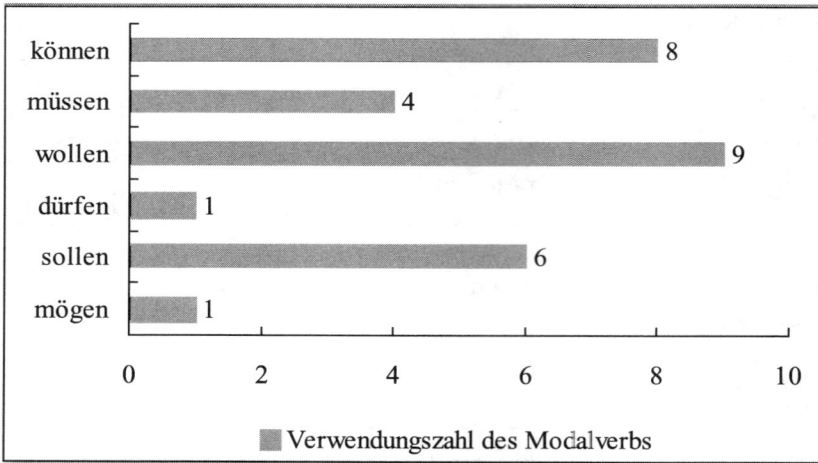

(Diagramm 1: vom 1. bis zum 7. April 2007)

Im folgenden Diagramm kann man das Ergebnis über die Statistik der Verwendung der deutschen Modalverben in Überschriften von Nachrichten auf der gleichen Webseite in einem erweiterten Zeitraum, nämlich vom 1. bis zum 21. April 2007, erhalten:

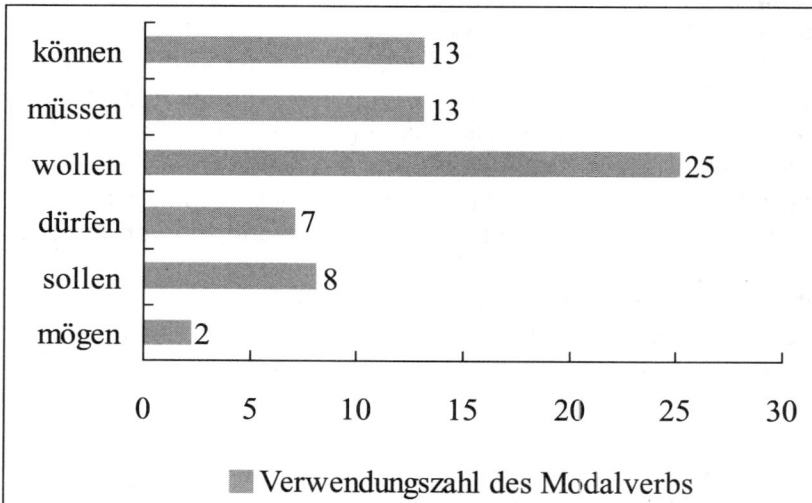

(Diagramm 2: vom 1. bis zum 21. April 2007)

Die beiden Diagramme zeigen deutlich auf, dass das Modalverb „wollen" das am häufigsten verwendete Modalverb in Überschriften von Nachrichten im Internet ist, obwohl es das dritthäufigste Modalverb der deutschen Sprache ist (vgl. Weinrich 1993, 303), wie zum Beispiel:

- „(Frings schockt Werder☺ Juve will mich mit aller Macht!" (4. April 2007)
- „Daimler will US-Tochter Chrysler schnell loswerden" (5. April 2007)

Dahinter folgen das häufigste deutsche Modalverb „können", das zweithäufigste „müssen" und das Modalverb „sollen", das ebenfalls eine sehr hohe Frequenz im deutschen Sprachengebrauch hat, wie z.B.:

- „Sonderaufgabe für Hargreaves: Kann er Kaká an die Kette legen?" (3. April 2007)
- „Muss Ferrari in Malaysia von hinten starten?" (1. April 2007)
- „Köhler soll Rente mit 67 stoppen!" (7. April 2007)

Das Modalverb „dürfen" verwendet man ziemlich wenig und das Modalverb „mögen" erscheint sehr selten in Überschriften von Nachrichten im Internet.   (...)

Kategorisierung von Einzelphänomenen

Meinungsbetonte Texte sind Texte, die eine Einstufung, eine Kommentierung eines gegebenen Sachverhalts zum Ausdruck bringen. Entscheidend ist dabei, dass vom Sender einem Bewertungsgegenstand ein bestimmtes Bewertungsprädikat zugeordnet ist (vgl. Lüger 1995, 67ff.).

Die Modalverben, die in Überschriften der meinungsbetonten Texte verwendet werden, sind bedeutsam für die ganze Nachricht. Mit der Verwendung der Modalverben kann der Sender seine Bewertung und seinen Standpunkt deutlich ausdrücken, wie z.B.:

- „ER soll zehn Frauen und ein ungeborenes Kind ermordet haben --- Wie kann ein Mensch so grausam sein?" (4. April 2007)

In dieser Überschrift äußert der Sender seine Bewertung zu dem Verhalten des Mannes mit dem Modalverb „kann" sehr deutlich: Kritik und Missachtung.

Die Verwendung der Modalverben in Überschriften von Nachrichten mit der dominierenden Intention „bewerten" kann dabei helfen, das Ziel der eines Sachverhalts des betreffenden Senders vorzustellen und dadurch die Aufmerksamkeit der Leser zu lenken.

(...)

Schlussfolgerung ziehen

- Im Vergleich zu den deutschen Modalverben werden die chinesischen viel häufiger in Überschriften von Internet-Nachrichten verwendet. Und die benutzten Modalverben konzentrieren sich auf die Modalverben „可 (可以)", „能", „会" und „应该 (该,应当)". Die anderen drei, nämlich „肯", „敢" und „得 (dei)" sind kaum in Überschriften der Internet-Nachrichten auftretend.
- Das chinesische Modalverb „可 (可以)", das hauptsächlich „Möglichkeit" betont, wird am häufigsten in Überschriften von Nachrichten im Internet verwendet. Die betreffenden Nachrichten sind meistens informationsbetonte Texte oder instruierend-anweisende Texte.
- In Überschriften von meinungsbetonten Texten wird das chinesische Modalverb „会" auch oft benutzt. Dagegen erscheint das Modalverb „应该 (该,应当)" häufig in Überschriften der auffordernden und instruierend-anweisenden Texte.
- Die abgekürzten chinesischen Modalverben („可" von „可以" und „该" von „应该") werden häufiger verwendet.

(...)

☞ Übung 3

Im Anschluss sehen Sie einige Titel von Hausarbeiten aus dem Bereich der Germanistik. Klären Sie im Plenum, worum es in den jeweiligen Arbeiten geht. Überlegen Sie dann, welches Argumentationsverfahren sich Ihrer Meinung nach für welches Thema anbietet.

a) *Anglizismen in deutschen und chinesischen Frauenzeitschriften. Ein Vergleich.*
b) *Die Darstellung der Isolation in „Sansibar oder der letzte Grund" von Alfred Andersch*
c) *Über den Sinn einer deutschen Rechtschreibreform*
d) *Georg Büchners Naturbegriff*
e) *Die feministische Gesprächsforschung – bereits überholt oder noch zeitgemäß?*
f) *Der Begriff „Bildungsroman"*
g) *Die Sprache des 17. Jahrhunderts am Beispiel von Georg Philipp Harsdörffers „Poetischer Trichter"*
h) *Der Anspruch des Literaturbegriffs*
i) *Heinrich Bölls „Ansichten eines Clowns" und die Kritik am deutschen Katholizismus*

Beispiel

Titel	Argumentationsverfahren
Anglizismen in deutschen und chinesischen Frauenzeitschriften. Ein Vergleich.	*Induktive Schlussfolgerung* Sammeln von Einzelphänomenen: Anglizismen in der Werbung von Zeitschriften „Brigitte", „Freundin" und „Ruili", „Shishang" Kategorisierung der Einzelphänomene: Klassifikation von Anglizismen nach Wortarten, Entlehnungsformen, Herkunft, Häufigkeit der Verwebdung usw. Schlussfolgerung ziehen, Regel formulieren: Ähnlichkeiten und Unterschiede der Anglizismen-Verwendung in deutschen und chinesischen Frauenzeitschriften

2. Entwurf einer Grobgliederung

Es gibt verschiedene Möglichkeiten eine Arbeit zu gliedern. Es hängt ganz von Ihrem Thema ab, welche Vorgehensweise am besten geeignet ist.

1) Zeitliche Gliederung

Sie können das Material zeitlich strukturieren. Dies böte sich bspw. an, wenn Sie die Wirtschaftsbeziehungen zwischen Deutschland und China zum Thema haben.

2) Vom Allgemeinem zum Detail

Bei wissenschaftlichen Arbeiten nähern Sie sich in der Regel von einem allgemeinen Standpunkt aus einer sehr speziellen Fragestellung. Wenn Sie etwa die Funktion von Anglizismen in Presseüberschriften untersuchen wollen, müssen Sie vorerst klären, was ein Anglizismus ist, danach Ihre Untersuchung vornehmen, um schließlich die Funktion der Anglizismen bestimmen zu können.

3) Reihende Gliederung

Eine weitere Möglichkeit, Ihre Arbeit zu gliedern, besteht darin, gleichwertige Einzelaspekte nebeneinander zu reihen. Untersuchen Sie zum Beispiel bestimmte sprachliche Phänomene in Texten aus dem 17. Jahrhundert, so könnten Sie die Arbeit nach grammatischen Disziplinen gliedern, also Syntax, Semantik, Rechtschreibung ... analysieren. Die Reihenfolge der Kapitel spielt dabei keine Rolle.

4) Gliederung nach Hierarchie und Logik

Oftmals müssen Sie in Ihrer Arbeit allein schon deshalb eine bestimmte Reihenfolge einhalten, weil es sich logisch aus der Hierarchie ergibt. Wollten Sie bspw. in einer Arbeit die Hypothese beweisen, dass Christiane Vulpius die größte Liebe in Goethes Leben war, müssten Sie vorerst seine anderen Liebesbeziehungen darstellen, um eine Beweisgrundlage zu haben.

5) Kontrastive Gliederung

Wenn Ihre Arbeit kontrastiv angelegt ist, also sprachliche, kulturelle, literarische Phänomene in Deutschland und China vergleicht, so müssen Sie darauf achten, eine gemeinsame Vergleichsgrundlage zu haben. Mit anderen Worten „Man kann nicht Äpfel mit Birnen vergleichen" (Deutsches Sprichwort). Wenn Sie also beispielsweise den Stellenwert von Religion in beiden Ländern analysieren wollten, könnten Sie als Teilaspekt die Schulausbildung beider Staaten im Bereich „Religion" heranziehen.

☞ **Übung 4**

Prüfen Sie die folgenden sechs Gliederungen und ordnen Sie sie zu.

Art der Gliederung	Beispiel
A. Zeitliche Gliederung	
B. Vom Allgemeinen zum Detail	
C. Reihende Gliederung	
D. Gliederung nach Hierarchie und Logik	
E. Kontrastive Gliederung	

Beispiel 1

Titel: Analyse der chinesischen DaF-Lehrbücher aus den letzten 20 Jahren unter methodischen Aspekten

Gliederung

1. Einleitung
   Forschungsstand, Aufbau und Verfahren, Ziel der Arbeit
2. Fremdsprachenmethodische Forschung
   2.1. Der Begriff „Methode"
   2.2. Die wichtigen Fremdsprachenlehrmethoden
       Die Grammatik-Übersetzungs-Methode (GÜM)
       Die audiolinguale (ALM) und audiovisuelle Methode (AVM)
       Die kommunikative Didaktik (KD)

2.3. Die didaktischen Überlegungen der verschiedenen Fremdsprachenlehr-
mothoden
3. Aspekte und Kriterien
3.1. Verhältnis zwischen Methoden und Lehrbüchern
3.2. Analyseaspekte
3.3. Bewertungskriterien
4. DaF-Lehrbücher aus verschiedenen Jahren
4.1. Analyse der DaF-Lehrbücher aus drei Epochen
4.2. Zusammenfassung der Lehrbuchentwicklung
4.3. Eigene Bewertung
5. DaF-Lehrbuecher für verschiedene Lerngruppen
5.1. Analyse der DaF-Lehrbücher für drei Lerngruppen
DaF-Lehrbuch für Germanistik- und Deutschstudenten
DaF-Lehrbuch für Nicht-Germanistik-Studenten
DaF-Lehrbuch als Studienvorbereitung in Deutschland
5.2. Vergleich der DaF-Lehrbuecher für die verschiedenen Lerngruppen
5.3. Eigene Bewertung
6. Zusammenfassung und Ausblick

Beispiel 2

Titel: Gemeinsamkeiten und Unterschiede zwischen deutschen und chinesischen
Phraseologismen. Eine kontrastive Analyse am Beispiel der Phraseologismen für
„Tod" und „sterben"

Gliederung

1. Einführung in die Thematik und Zielsetzung der Arbeit
2. Gegenstand und Grundbegriffe der Phraseologie
2.1. Phraseologie der deutschen Sprache
2.1.1. Definitionskriterien der deutschen Phraseologismen
2.1.2. Klassifikation der deutschen Phraseologismen
2.2. Phraseologie der chinesischen Sprache
2.2.1. Eigenschaften der chinesischen Phraseologismen
2.2.2. Klassifikation der chinesischen Phraseologismen
2.3. Gemeinsamkeiten und Unterschiede
3. Deutsche und chinesische Phraseologismen für „Tod" und „sterben"
3.1. Funktion der Sterbe-Idiome
3.2. Kontrastive Analyse der deutschen und chinesischen Phraseologismen für
„Tod" und „sterben"
3.2.1. Auf der linguistischen Ebene
3.2.2. Auf der kulturellen Ebene
4. Zusammenfassung

Beispiel 3

Titel: Farbensymbolik und Farbwörter im Deutschen und im Chinesischen - eine linguistische und interkulturelle Untersuchung

Gliederung

1. Einleitung
    1.1 Vorbemerkung
    1.2 Forschungsstand
    1.3 Theoretische Prämisse
    1.4 Zielsetzung
2. Allgemeines zur Farbenlehre
    2.1 Farbbegriff
    2.2. Farbpsychologie
    2.3 Farbsymbolik
3. Farbwörter in Phraseologismen
    3.1 Definition zu Phraseologismen
    3.2 Die einzelnen Farbwörter in Phraseologismen
        Farbwörter weiß, schwarz, rot, grün, blau, gelb
    3.3 Ähnlichkeiten, Unterschiede und Besonderheiten
4. Bedeutung der Farbwörter in der Gegenwartssprache
    4.1 Neologismen mit Farbwörtern
    4.2 Exemplarische Analyse
5. Zusammenfassung

Beispiel 4

Titel: Ironie als ästhetisches Prinzip beim dichterischen Schaffen. Analyse über die romatische Ironie

Gliederung

I. Vorbemerkung
II. Zur Ironie
1. Abgrenzung gegenüber ähnlichen Begriffen
2. Begriffsklärung in der Geschichte des ästhetischen Denkens bis zur Romantik
III. Zur romantischen Ironie
1. Friedrich Schlegels frühromantische Ironie-Konzeption
2. Jean Pauls Humortheorie
3. Dichterische Praxis der romantischen Ironie
IV. Weiterentwicklung der romantischen Ironie in der deutschen Moderne
V. Erschließung der Gründe des Zurücktritts der romantischen Ironie aus der Literaturgeschichte

Beispiel 5

Titel: Kontrastive Untersuchung zur Verfremdung in der Pekingoper und von Brechts Theater

Gliederung

1. Einleitung
2. Über das Theater von Brecht
    2.1 Entstehung des epischen Theaters
    2.2 Verfremdung
    2.3 Paradoxie im Theater von Brecht
3. Über die Pekingoper
    3.1 Kurze Vorstellung zur Pekingoper
    3.2 Virtuelle Eigenschaft
    3.3 Stilisierung
    3.4 Verfremdung
4. Vergleich zwischen Verfremdung von Brecht und der Pekingoper
    4.1 Brechts Missverständnis zur Verfremdung der Pekingoper
    4.2 Gleichheit und Unterschiede

Beispiel 6

Titel: Der Aufbau von Parzival

Gliederung

1. Einleitung
2. Hauptteil
    2.1. Inhaltliche Gliederung
        2.1.1. Einleitung (Vorgeschichte)
        2.1.2. Handlungsanstieg
        2.1.3. Höhepunkt
        2.1.4. Handlungsabfall
        2.1.5. Schluss
    2.2. Gedanklicher Aufbau
3. Schluss

☞ **Übung 5**

Im Folgenden sind zwei Gliederungen einer Abschlussarbeit. Vergleichen Sie die beiden Gliederungen. Was ist dabei anders? Warum gibt es die Änderung?

Gliederung der 1. Fassung	Gliederung der 2. Fassung
1. Einleitung Einführung in die Thematik und Zielstellung der Arbeit Methodik 2. Sprachliche Analyse 2.1. Wortwahl 2.2. Satzubau 2.3 Klang 2.4 Bildlichkeit 3. Inhaltliche Analyse 3.1. Über Politik 3.2. Über Kultur 3.3. Über Frauen 3.4 Über Liebe zum Vaterland 3.5. Stil im Pop-Musik 4. Ausblick auf weitere Entwicklung der Pop-Musik 5. Zusammenfassung	1. Einleitung: Texte deutscher und chinesischer Lieder in der Gegenwart: Eine sprachliche und inhaltliche Analyse 2. Inhaltliche Analyse 2.1 Über die Liebe in der Popmisik - Über die traurige Liebe - Über die glückliche Liebe - Über die Unabhängigkeit in der Liebe - Über die Abhängigkeit in der Liebe - Über die Liebe zu der Umwelt 2.2 Die Berwertung über das Leben - Positive Bewertung - Negative Bewertung - Nachdenken über das Leben 2.3 Über das Vaterland 3. Sprachliche Analyse 3.1. Satzebeneanalyse 3.2. Fremdwörter 4. Zusammenfassung

☞ **Übung 6**

Verbessern Sie die folgende Gliederung.

Thema: Kontrastive Untersuchung zu deutschen und englischen Präpositionen

Gliederung
1 **Einleitung**
   1.1 Vorbemerkung
   1.2 Untersuchungsgegenstände
   1.3 Vorgehensweise und Aufbau
   1.4 Zielsetzung
2 **Ähnlichkeiten von Präpositionen im Deutschen und Englischen**
   2.1 Strukturformen der Präpositionen
   2.2 Bedeutung der Präpositionen im Deutschen und Englischen
   2.3 Gleichförmige und bedeutungsgleiche Präposition „in"
3 **Unterschiede der Präpositionen im Deutschen und Englischen**
   3.1 Klassifikation der Präposition im Deutschen und Englischen
   3.2 Gebrauch der Präposition
   3.3 Funktion der Präposition
4 **Zusammenfassung**

☞ Übung 7

Nun haben Sie viel Hintergrundwissen zur Argumentationsstruktur und zur Grob-gliederung von Arbeiten bekommen. Vervollständigen Sie die folgende Gliederung zum Thema „Deutsche und chinesische Feste im Vergleich". Welche Argumentations-formel ist am besten geeignet? Wie legen Sie die Gliederung an? Orientieren Sie sich bei Ihrem Entwurf an der Struktur des Inhaltsverzeichnisses, das in Kapitel 4 dargestellt ist und fügen Sie Kapitelnummerierungen ein.

1 Einleitung: Spiegelt sich in der Festkultur die Kultur eines Landes wider?

2 Feste in Deutschland und China

2.1 Traditionelle Familienfeste in Deutschland und China

2.1.1 _____

2.1.2 _____

2.1.3 _____

2.2 Gemeinsame Feste in Deutschland und China

2.2.1 _____

2.2.2 _____

2.2.3 _____

2.3 Neue Feste in Deutschland und China

2.3.1 _____

2.3.2 _____

2.3.3 _____

3 _____

...

☞ Übung 8

Sie haben für Ihre wissenschaftliche Arbeit schon ein Thema festgelegt. Stellen Sie eine Gliederung zu Ihrer Arbeit auf.

Kapitel 6

Verfassen einer Einleitung

> ### *Lernziele*
>
> 1. Warum ist eine gute Einleitung so wichtig?
> 2. Wie ist eine gute Einleitung aufgebaut?
> 3. Welche sprachlichen Mittel können mir beim Schreiben meiner Einleitung helfen?

Die Einleitung dient dazu, Interesse für Ihr Thema zu wecken, dieses Interesse zu begründen und die Fragestellung sowie den Aufbau der Arbeit kurz darzulegen. Bereits in der Einleitung müssen Sie beweisen, dass Sie sich mit dem Thema auseinandergesetzt haben und die einschlägige Literatur zu Ihrem Thema kennen.

1. Aufbau der Einleitung

In Ihrer Einleitung geht es darum, beim Leser Interesse für Ihr Thema zu wecken und ihm zu vermitteln, was er in Ihrer Arbeit erfahren kann.

1) Einführung/Hinführung zum Thema

Als Erstes müssen Sie den Leser zum Thema der Arbeit hinführen. Dies kann durch ein spannendes Zitat erfolgen oder auch indem Sie einen interessanten Grund nennen, weshalb Sie dieses Thema bearbeiten möchten. Sie können am Anfang den Kernbegriff Ihrer Arbeit definieren oder deutlich machen, weshalb Ihre Untersuchung wichtig und spannend ist.

Im Folgenden sehen Sie ein paar Beispiele für den Beginn einer Einleitung.

Beispiel A: „Die Metapher im Bedeutungswandel"

> Das Wort „Metapher" kommt aus dem Griechischen und bedeutet „Übertragung". Seit der Antike wird die Metapher zu den wichtigsten rhetorischen Figuren gezählt.

(Quelle: http://www.hausarbeiten.de/faecher/vorschau/45307.html, Stand 12.10.2009)

Beispiel B: Entschuldigungsbitten und ihre Erwiderungen

> Wenn wir in der alltäglichen Kommunikation genauer darauf achten, können wir feststellen, dass wir uns relativ häufig bei anderen entschuldigen oder Adressat von Entschuldigungen sind. Oft ist uns der Vorgang des Sich-Entschuldigens gar nicht bewusst, weil er in vielen Fällen stark automatisiert und konventionalisiert ist. So leiten wir etwa, wenn wir eine fremde Person nach der Uhrzeit fragen, diese Frage mit einem „Entschuldigung" oder „Entschuldigen Sie bitte" ein; ebenso wie wir uns kurz dafür entschuldigen, wenn wir jemanden versehentlich anstoßen oder einen Gesprächspartner beim Erzählen unterbrechen.

(Quelle: http://www.hausarbeiten.de/faecher/vorschau/43820.html, Stand 12.10.2009)

Beispiel C: Das Hungern und seine Bestimmungen in Franz Kafka „Ein Hungerkünstler"

> „Hungerkünstler, Impresario, Wächter, Publikum, Käfige mit Stroh, Zirkus, Raubtiere, das alles kennen wir. Aber diese Gegenstände begegnen uns hier seltsam verfremdet, als ob wir sie nicht kennten. Sie sind sinnlich und doch abstrakt, wirklich und auch wieder überwirklich, bizarr und grotesk, ins Unheimliche gesteigert, so dass wir uns mit einem Male in einer Welt befinden, in der wir nicht mehr ‚zu Hause' sind." (von Wiese 1956, S. 328)
>
> Die Geschichte ist recht einfach: Ein Hungernder, der von sich behauptet, er sei ein Unvergleichlicher seiner Kunst, hungert sich zusehends zu Tode. Die Zuschauer schwanken zwischen Begeisterung und Unverständnis, verlangen Beweise, um an die Einzigartigkeit dieser Attraktion glauben zu können, bis sie aufhören, sich für das Dargebotene zu interessieren. Am Ende findet man einen schwachen Hungerkünstler, der um Verzeihung bittet und atemlos im Stroh versinkt. (...) Das Prinzip der Aussparung von Motiven, so und nicht anders zu handeln, von Emotionen aller Beteiligten, der Aussparung von Gedanken wird sich durch den gesamten Text ziehen und ist mit dafür verantwortlich, dass in den „Hungerkünstler" „alles und nichts" hineingelesen werden kann.

(Quelle: http://www.hausarbeiten.de/faecher/vorschau/59252.html, Stand 12.10.2009)

Beispiel D: Alfred Döblins „Berlin Alexanderplatz" - Ein politischer Roman?

> Berlin Alexanderplatz von Alfred Döblin – das ist wirklich nicht nur „einfach eine Bahnstation", wie der S.-Fischer-Verlag anfangs kritisierte! – Dennoch ergänzte Alfred Döblin zum besseren Verständnis für den Leser und vor allem für den Seelenfrieden seines Verlegers den Untertitel ‚Die Geschichte vom Franz Biberkopf', und das Buch avancierte nach seiner Veröffentlichung im Jahr 1929 zum bekanntesten Werk des Autors. Allein das Hinzufügen des Untertitels sagt bereits viel über die Konstellation im Roman aus: Der Protagonist und vermeintliche ‚Held' Franz Biberkopf steht lediglich als Beispiel für den modernen Einzelmenschen in der Großstadt. Die Großstadt selbst aber gibt den

> Ton an; sie bestimmt den Rhythmus des Buches. Auf diese Weise werden der tägliche ‚Lebenskampf' Biberkopfs und dessen Folgen beschrieben. Doch das Hauptthema reicht noch weiter: Gerade vor dem geschichtlichen Hintergrund der ausklingenden 20er Jahre erhält der Inhalt neue Brisanz.

(Quelle: http://www.hausarbeiten.de/faecher/vorschau/129535.html, Stand 12.10.2009)

2) Untersuchungsobjekt/Thema, Fragestellung und Zielsetzung

Der Leser hat nun Interesse für Ihre Arbeit bekommen, möchte aber wissen, worum es in Ihrem Text genau geht. Deshalb müssen Sie nun Ihr Thema benennen. Außerdem ist es wichtig, dass Sie dem Leser klar machen, auf welche Frage(n) Sie Antwort suchen und was das Ziel Ihrer Arbeit sein soll. Sehen Sie sich bitte die folgenden Beispiele an.

Beispiel A: „Die Metapher im Bedeutungswandel"

> In dieser Arbeit soll zunächst dargestellt werden, wie die Metapher in der Antike beschrieben und eingeordnet wurde. Zu diesem Zweck werden die Sichtweisen von Aristoteles, Cicero und Quintilian kurz vorgestellt. Dabei wird deutlich, dass sich schon in der antiken Rhetorik die Wichtigkeit der Metapher für den Bedeutungswandel andeutet.
>
> Der Schwerpunkt der Arbeit liegt darin, genau diese Rolle der Metapher näher aufzuzeigen.

(Quelle: http://www.hausarbeiten.de/faecher/vorschau/45307.html, Stand 12.10.2009)

Beispiel B: Entschuldigungsbitten und ihre Erwiderungen

> In dieser Arbeit soll nun der relativ hoch frequentierte Sprechhandlungstyp der Entschuldigungen – und ihrer Erwiderungen – genauer betrachtet werden.

(Quelle: http://www.hausarbeiten.de/faecher/vorschau/43820.html, Stand 12.10.2009)

Beispiel C: Das Hungern und seine Bestimmungen in Franz Kafka „Ein Hungerkünstler"

> Diese Arbeit wird versuchen, einige Sinnschichten des „Hungerkünstlers" zu diskutieren, sie wird zeigen, wie selbst die Deutungen der Geschichte in ihr Gegenteil verkehrt und dennoch als gültig anerkannt werden können.

(Quelle: http://www.hausarbeiten.de/faecher/vorschau/59252.html, Stand 12.10.2009)

Beispiel D: Alfred Döblins „Berlin Alexanderplatz" - Ein politischer Roman?

> Inwiefern der ‚Lebenskampf' Biberkopfs nicht nur als individuelle sondern als allgemeine Erfahrung aufgefasst werden kann, wird im Folgenden untersucht.

(Quelle: http://www.hausarbeiten.de/faecher/vorschau/129535.html, Stand 12.10.2009)

3) Eingrenzung

Nicht bei jedem Thema müssen Sie bereits in der Einleitung eine Eingrenzung vornehmen. Je nachdem, wie groß Ihr Themengebiet ist, kann es sinnvoll sein, den Leser schon in der Einleitung darauf hinzuweisen, dass Sie sich auf einen Aspekt / Schwerpunkt beschränkt haben. Die Autorin der folgenden Arbeit bspw. schränkt Ihre Arbeit auf <u>eine</u> Form der Entschuldigung ein.

Beispiel B: Entschuldigungsbitten und ihre Erwiderungen

> Bevor nun mit der Betrachtung der Entschuldigungen begonnen wird, müssen noch einige terminologische Vorbemerkungen gemacht werden: Zunächst muss festgehalten werden, dass das Substantiv „Entschuldigung" und das Verb "entschuldigen" in der deutschen Umgangssprache in unterschiedlicher Weise gebraucht werden. Erstens kann mit „Entschuldigung" die Bitte um Entschuldigung gemeint sein, zweitens die Annahme einer Entschuldigungsbitte und drittens ein Entschuldigungsgrund (vgl. LANGE 1984). In der folgenden Betrachtung wird nun mit „Entschuldigung" immer die Bitte um Entschuldigung bezeichnet werden.

(Quelle: http://www.hausarbeiten.de/faecher/vorschau/43820.html, Stand 12.10.2009)

4) Vorgehensweise

Nun haben Sie dem Leser erklärt, welches Ziel Sie mit Ihrer Arbeit verfolgen. Als Nächstes müssen Sie klar machen, wie Sie dieses Ziel erreichen wollen. Wenn Ihre Analyse aus einem Datenkorpus besteht, müssen Sie erläutern, nach welchen Kriterien Sie Daten sammeln und auswerten. Wenn Ihre Arbeit auf eine bestimmte Theorie zur Grundlage hat, müssen Sie sie an dieser Stelle nennen und darstellen, wie Sie diese Theorie anwenden wollen. Ein paar Beispiele finden Sie im Folgenden.

Beispiel A: „Die Metapher im Bedeutungswandel"

> Dies soll geschehen, indem die Theorien zweier Vertreter der historischen Semantik, Paul und Blank, näher betrachtet werden. Entsprechend der Darstellung der ersten Metapherntheorien in der Antike werden zunächst die Anfänge der Metapher als Verfahren des Bedeutungswandels beschrieben. Paul gilt als einer der einflussreichsten Vertreter der traditionellen historischen Semantik. Mit Hilfe seines Bedeutungsbegriffs soll dargelegt werden, wie

Bedeutungswandel durch Metaphern zustande kommt und in welche Kategorien die Metapher eingeteilt wird.

(Quelle: http://www.hausarbeiten.de/faecher/vorschau/45307.html, Stand 12.10.2009)

Beispiel B: Entschuldigungsbitten und ihre Erwiderungen

Zuerst soll im Zusammenhang der Entschuldigungen der Frage nachgegangen werden, wann wir uns entschuldigen, das heißt: Welche Konstellationen in der Interaktion müssen gegeben sein, was muss vorgefallen sein, damit wir es für nötig halten, eine Entschuldigung zu äußern? Des Weiteren muss geklärt werden, was uns zu einer Entschuldigung motiviert und welche Funktion der Entschuldigung im Gespräch zukommt – warum entschuldigen wir uns und was tun wir, wenn wir uns entschuldigen? Zudem sollen verschiedene EntschuldigungsStrategien betrachtet werden – wie entschuldigen wir uns? Im zweiten Abschnitt der Arbeit soll dann auf die verschiedenen Möglichkeiten der Erwiderung auf eine Entschuldigung eingegangen werden. Da sich in der Forschungsliteratur zu diesem Aspekt nur wenige Hinweise finden und der Schwerpunkt dieser Arbeit auf dem Sprechhandlungstyp der Entschuldigung bzw. der Entschuldigungsbitte liegt, wird dieser Teil der Arbeit allerdings etwas knapper ausfallen. Abschließend möchte ich im dritten Abschnitt der Arbeit kurz anreißen, in welchem Verhältnis Entschuldigungen zum Phänomen der Höflichkeit stehen und hier insbesondere der von Claus Ehrhardt aufgeworfenen Frage nachgehen, ob „Entschuldigungen tatsächlich immer im Dienste der Höflichkeit stehen [...]." (KLEIN 2002, 158).

(Quelle: http://www.hausarbeiten.de/faecher/vorschau/43820.html, Stand 12.10.2009)

Beispiel C: Das Hungern und seine Bestimmungen in Franz Kafka „Ein Hungerkünstler"

Die aufgestellten Thesen werden sich im Wesentlichen an folgenden Begriffen orientieren, die auf geheimnisvolle Art und Weise zusammenhängen: Freiheit oder die Freiwilligkeit des Hungerns – Kunst und Leistung – Askese im Überfluss oder Mangel an Nahrung – Wahrheit oder Schein.

(Quelle: http://www.hausarbeiten.de/faecher/vorschau/59252.html, Stand 12.10.2009)

Beispiel D: Alfred Döblins „Berlin Alexanderplatz" - Ein politischer Roman?

Dabei spielt vor allem die gesellschaftlich-politische Kritik eine Rolle, die Döblin mit seinem Werk zum Ausdruck bringt. Um diese Kritik besser zu verstehen, werden des Weiteren Positionen Döblins als politischer Autor mit herangezogen. Ebenfalls wird auf das besondere Verhältnis zwischen Erzähler und Leser eingegangen. Vor der Herleitung der politischen Botschaft des Romans müssen jedoch, ausgehend von einer Charakteristik, die Kernprobleme des Protagonisten Biberkopf analysiert werden.

(Quelle: http://www.hausarbeiten.de/faecher/vorschau/129535.html, Stand 12.10.2009)

5) Hauptquelle und Forschungsstand

Manche Autoren nennen Hauptquelle und Forschungsstand Ihres Themengebiets bereits in Zusammenhang mit der Vorgehensweise der Arbeit. Wenn Sie ein Thema gewählt haben, das in der Forschung noch nicht diskutiert wurde, kann der Forschungsstand wegfallen.

Auch Definitionen von Kernbegriffen Ihrer Arbeit können ans Ende der Einleitung gesetzt werden.

Beispiel A: „Die Metapher im Bedeutungswandel"

> Diese Punkte finden sich auch bei Andreas Blank „Prinzipien des lexikalischen Bedeutungswandels am Beispiel der romanischen Sprachen" (1997), einem Vertreter der gegenwärtigen historischen Semantik. Seine Theorie erläutert vor allem die kommunikative Leistung der Metapher und ist auch in anderen Punkten weitaus differenzierter, wie ein Vergleich mit Paul in seinen „Prinzipien der Sprachgeschichte" (1966) zeigen wird.

(Quelle, nach: http://www.hausarbeiten.de/faecher/vorschau/45307.html, Stand 12.10.2009)

Beispiel B: Entschuldigungsbitten und ihre Erwiderungen

> In meiner Arbeit werde ich die von Willi Lange vorgeschlagenen Begriffe „Tat", „Täter" und „Opfer" verwenden (vgl. Lange 1984, S. 60). Hierbei wird mit der Tat dasjenige bezeichnet, was Gegenstand, Anlass der Entschuldigung ist; dementsprechend ist der Täter derjenige, der die Tat begangen hat oder für sie verantwortlich ist – oder vielleicht nur annimmt, für sie verantwortlich zu sein. Das Opfer ist nun folglich der durch die Tat in irgendeiner Form geschädigte Adressat der Entschuldigung. Des Weiteren werde ich – ebenfalls im Anschluss an Lange – von „Entgegenkommen" (vgl. ebd.) sprechen, wenn eine positive Erwiderung auf eine Entschuldigung bezeichnet werden soll.

(Quelle: http://www.hausarbeiten.de/faecher/vorschau/43820.html, Stand 12.10.2009)

Beispiel D: Alfred Döblins „Berlin Alexanderplatz" - Ein politischer Roman?

> Dabei spielt vor allem die gesellschaftlich-politische Kritik eine Rolle, die Döblin mit seinem Werk zum Ausdruck bringt. Um diese Kritik besser zu verstehen, werden des Weiteren Positionen Döblins als politischer Autor mit herangezogen. Ebenfalls wird auf das besondere Verhältnis zwischen Erzähler und Leser eingegangen. Vor der Herleitung der politischen Botschaft des Romans müssen jedoch, ausgehend von einer Charakteristik, die Kernprobleme des Protagonisten Biberkopf analysiert werden.

(Quelle: http://www.hausarbeiten.de/faecher/vorschau/129535.html, Stand 12.10.2009)

Der Aufbau einer Einleitung sieht im Überblick – je nach Thema – ungefähr wie folgt aus:

Einführung in die Thematik	Kurzer Überblick über den Themenbereich, Hinführung zum Thema der Arbeit
Untersuchungs- objekt / Thema	Genaue Benennung des Themas
Fragestellung	Welche Fragen will ich bearbeiten? Welches Problem will ich lösen? Was ist Ausgangspunkt meiner Analyse? Hier können Sie auch Gründe nennen, weshalb Ihre Arbeit wichtig und interessant ist, warum eine wissenschaftliche Untersuchung von Bedeutung ist. Ihr Ausgangspunkt kann eine eigene Beobachtung sein oder ein Thema, das gerade öffentlich zur Diskussion steht.
Zielsetzung	Was soll meine Arbeit herausfinden?
Eingrenzung	Wie kann bzw. muss ich mein Themengebiet einschränken? Was untersuche ich nicht?
Vorgehensweise	Wie will ich in meiner Analyse vorgehen? Erklären Sie z.B. wie Sie Daten sammeln und wie Sie diese Daten auswerten wollen. Beschreiben Sie bspw., was Ihr Untersuchungsobjekt ist und in welchem Zeitraum Sie es analysieren.
Hauptquelle und Forschungsstand	Welche wichtige Literatur existiert zu diesem Thema schon? Auf welche Literatur werde ich mich stützen? Wie sieht der Stand der Forschung zu diesem Thema aus?

☞ **Übung 1**

Sie haben bereits eine Gliederung zum Thema „Deutsche und chinesische Feste im Vergleich" entworfen. Überlegen Sie sich nun einen interessanten Arbeitstitel und schreiben Sie in die Tabelle Stichpunkte, was Sie in den jeweiligen Abschnitten der Einleitung schreiben könnten.

Thema: Deutsche und chinesische Feste im Vergleich

Arbeitstitel: _____

Einführung in die Thematik	
Untersuchungs-objekt/ Thema	
Fragestellung	
Zielsetzung	
Eingrenzung	
Vorgehensweise	
Hauptquelle und Forschungsstand	

☞ **Übung 2**

Lesen Sie die folgenden Einleitungen von studentischen Seminararbeiten durch und prüfen Sie den Aufbau. Schreiben Sie Stichpunkte zum Aufbau in die rechte Spalte.

Text 1: Einleitung der Abschlussarbeit mit dem Titel „Popliteratur in Deutschland und in China - Vergleich zwischen ‚Crazy‘ von Benjamin Lebert und ‚Drei Türen‘ von Han Han".

Text	Aufbau
Worüber man sich immer beklagt hat, ist, dass die Jugendlichen in jeder Generation schlechter geworden sind. Aber die Jugendlichen in der Welt haben ihre eigenen pubertären Probleme. Meiner Meinung nach verzweifeln manche von ihnen an der Welt und dem Leben, schwänzen die Schule, haben vor allem Liebeskummer und Angst vor der Zukunft. Sie streben nichts anderes als „Pop" an.	Einleitung in die Thematik
Mit Siebzehn hat Benjamin Lebert im Jahr 1999 durch seinen Debütroman „Crazy" einen großen Erfolg in Deutschland erzielt. Damit ist er vielleicht der jüngste Schriftsteller Deutschlands und der gesamten Verlagsgeschichte (vgl. Sinning 2007) geworden. Seitdem nehmen viele Lehrer in der deutschen Schule den Roman „Crazy" als Lehrmaterial. Einer Umfrage zufolge äußern sich etwa zwei Drittel der Schüler positiv zu diesem Roman (vgl. Beste 1999, 433.).	
Wie Benjamin Lebert hat Han Han in China auch mit 17 Jahren sein erstes Buch „Drei Türen" veröffentlicht, durch das eine große Diskussion über die jungen Schriftsteller in China in den 90er Jahren angeregt wurde.	
Interessant ist, dass das, was die zwei jungen Schriftsteller aufgeschrieben haben, vor allem autobiographisch ist. Die beiden Romane zählen zur „Pop-Literatur". Die Gründe dafür werde ich im zweiten Kapitel nennen. Der Unterschied liegt darin, dass Benjamin Lebert einen großen Erfolg in Deutschland bzw. im deutschen Literaturbetrieb hat, während Han Han eher Kritik und Skepsis aus Literaturkreisen entgegengebracht wurde.	
Das alles regt mich zu nachfolgenden Fragen an. Was ist eigentlich „Pop-Literatur"? Welche Merkmale und Funktionen hat die Pop-Literatur? Was ist die Gemeinsamkeit zwischen zwei jungen Schriftstellern, die zufällig mit siebzehn bekannt geworden sind? Gibt es einen inneren Zusammenhang zwischen den zwei Protagonisten in den beiden Romanen? Machen sich die zwei Protagonisten gleiche Gedanken über ihre Jugendzeit, über Familie, über Liebe und Freundschaft? Welche Probleme haben sie? Warum reagiert man so unterschiedlich auf zwei thematisch ähnliche Romane in Deutschland und in China? Was führte zu diesen Unterschieden? Durch meine Arbeit werde ich versuchen, die oben genannten Fragen zu beantworten. Dies soll als einen Einblick in die Pop-Literatur in Deutschland und in China vermitteln.	

Text 2: Einleitung der Seminararbeit mit dem Titel „Web-Forum-Kommunikation: Zwischen Mündlichkeit und Schriftlichkeit"

Text	Aufbau
Ein Web-Forum[1] ist ein Diskussionsforum im World Wide Web. Seit Mitte der 90er Jahre entwickelte sich das WF neben den Newsgroups und den ‚Schwarzen Brettern' (BBS: Bulletin Board System) zur neuen Alternative des Online-Diskussionsangebots. Dank des Internetbooms und dem einfachen Zugang zu WFn konnten sich diese rasch im WWW verbreiten.	

Die vorliegende Arbeit fokussiert den schriftbasierten Internetdienst WF. Im Gegensatz zum großen Umfang der Untersuchungen von Newgroups in Usenet und BBS per DFÜ[2] liegen wenige Arbeiten vor, die sich mit diesem im Web verwirklichten Diskussionsforum auseinandersetzen. Ausgehend vom Konzept medialer und konzeptioneller Mündlichkeit bzw. Schriftlichkeit von Koch/Oesterreicher (1985, 1994) untersuche ich folgende Fragestellungen: Inwiefern orientiert sich diese medial schriftliche Kommunikation im Deutschen und im Chinesischen an konzeptioneller Mündlichkeit? Welche Besonderheiten weist die Sprache in WFn auf? Wie unterscheiden sich die deutschen und chinesischen Beiträge untereinander? Anhand ausgewählter Beiträge aus deutschen und chinesischen WFn werden sprachliche Phänomene vor allem auf der lexikalischen Ebene beleuchtet: umgangssprachliche Ausdrücke, Verschmelzungsformen, häufige Verwendung von Interjektionen und Partikeln. Smileys sowie Emulierung prosodischer Elemente bilden mündliche Elemente ab. Einige Erscheinungen, die unmittelbar mit computervermittelter Kommunikation verbunden sind, wie Akronyme[3] und Schreibfehler, tauchen sowohl in deutschen als auch in chinesischen WFn auf.

Um das umfangreiche Material zu begrenzen beruht die Untersuchung dieser Arbeit auf vier Diskussionen aus vier deutschsprachigen und acht Diskussionen aus vier chinesischsprachigen WFn, die sich allesamt mit dem gleichen Thema – Festnahme von Saddam Hussein – beschäftigen.

---

[1] Anstelle von Web-Forum spricht Döring von „Online-Forum" (2003:216). Ich übernehme den Begriff „Web-Forum" von Mayer-Uellner für meine Arbeit und kürze ihn forthin mit WF ab für den Singular und WFn für die Pluralform „Web-Foren".

[2] Die Übermittlung von Daten zwischen Computer wird als DFÜ (Datenfernübertragung) bezeichnet. Am weitesten ist die DFÜ über das Telefonnetz verbreitet. Um die Daten übertragen zu können, müssen sie für ein Medium geeignet aufbereitet werden. Dafür ist spezielle Hardware, z.B. ein Modem notwendig. Vgl. Net-Lexikon (2004). http://www.lexikon-definition.de/Herzlich-Willkommen-im-Net-Lexikon.html. 01.04.2004

[3] Ein Akronym besteht aus den Anfangsbuchstaben mehrerer Wörter. Alle Buchstaben werden großgeschrieben.

Es ist den obigen Einleitungen gelungen, nicht nur kurz in die Thematik und Fragestellung einzuführen, sondern auch auf die Untersuchungsmethoden und auf die
Zielsetzung einzugehen. Durch diese Einleitung können die Leser erfahren, worum
die Arbeit geht und welches Ziel die Arbeit hat.

Die Einleitung ist deshalb besonders wichtig, weil man den Leser mit einer guten
Einleitung motivieren kann, die Arbeit zu lesen. Gleichzeitig besteht aber die Gefahr,
den Leser durch eine uninteressante, unklare Einleitung abzuschrecken. Ist die Einleitung nicht klar formuliert, so versteht er nicht, was Sinn und Zweck der Arbeit ist
und wird den Text nicht zuende lesen.

Achten Sie auch darauf, dass Sie stichhaltige Argumente liefern, weshalb Sie ein Thema ausgewählt haben, weshalb Sie sich auf eine bestimmte Theorie stützen.

☞ Übung 3

*Lesen Sie bitte die folgenden fünf Einleitungen. Was können Sie in diesen Einlei-
tungstexten erfahren? Notieren Sie in der folgenden Tabelle Teilthemen der Einleitungen. Nennen Sie einige Besonderheiten der Arbeit: Was fällt Ihnen positiv, was
negativ auf?*

a. Im letzten Semester haben wir das Seminar „Textlinguistik" besucht, und
haben uns mit dem „Text" beschäftigt. In der vorliegenden Arbeit möchte ich
einen Wirtschaftsbericht untersuchen. Weil es nun einige unterschiedliche
Textanalysemethoden gibt, möchte ich mich auf die Theorie von Beaugrande /
Dressler berufen.
Im Zentrum meiner Ausführungen steht ein Artikel in Allgemeine Fleischer
Zeitung (Afz) vom 04. August 2004. Der Artikel befindet sich am Ende der
Hausarbeit, dessen Inhalt ich im folgenden Punkt kurz vorstellen werde. Im
Hauptteil wird der Artikel auf die sieben Kriterien der Textualität überprüft.

b. Die Thema-Rhema-Gliederung spielt eine wichtige Rolle in textanalytischer
Hinsicht. Sie wurde von V. Mathesius (1929) begründet und in den 60er Jahren von F. Danes weiter entwickelt.

Die Thema-Rhema-Gliederung ist ein besonders von der Prager Schule
entwickeltes Prinzip der aktuell-kommunikativen bzw. semantisch-logi-
schen Gliederung des Satzes und ein Versuch, Gesetzmäßigkeiten der Satz-
gliedfolge von der Mitteilungsperspektive her zu erklären. Nach Danes fasst
die Prager Schule die Thema-Rhema-Gliederung auf „als eine Organisation
und Hierarchie der semantischen Einheiten entsprechend ihrem Mitteilungs-
wert." (Danes, S. 17)

In dem folgenden Text werden die Grundbegriffe von Thema und Rhema, die fünf Typen der Textprogression von Danes vorgestellt, danach soll ein Artikel nach dieser Theorie analysiert werden. Am Ende wird eine Beschränkung der Thema-Rhema-Gliederung erwähnt.

c. In der griechischen Mythologie gibt es eine Geschichte mit dem Namen „Ödipus". Sie handelt von einem Mann, der zufällig seinen Vater tötet und danach seine eigene Mutter heiratet. Der griechische Tragiker Sophokles hat die Geschichte zu einer Tragödie umgeschrieben. Nach diesem berühmten Theaterstück hat der Psychologe Siegmund Freud den Begriff „Ödipuskomplex" kreiert, der Teil seiner „Psycholoanalyse" ist. Der Begriff „Ödipuskomplex" entwickelte sich im letzten Jahrhundert immer weiter. Heute wird dieser Begriff oft in literarischen Werken und Filmen benutzt.

In der folgenden Arbeit wird zuerst die Geschichte von Ödipus und der Begriff „Ödipuskomplex" von Freud erklärt, danach werden die Inhaltsangaben des Filmes „All Things Fair" und des Romanes „Der Vorleser", vorgestellt. In den beiden Werken geht es um die Liebe zwischen einer Frau in mittleren Jahren und einem jungen Mann. Dann folgt der Vergleich zwischen der Hauptrolle Stig in „All things fair" und dem Ich-Erzähler Michael Berg in dem „Vorleser", um zum einen die unterschiedlichen Wege des Erwachsenwerdens der jungen Männer zu sehen und zum anderen die Einflüsse des Ödipuskomplexes zu finden.

d. In der mündlichen oder schriftlichen Kommunikation wird man zu verschiedenen Zwecken in verschiedenen Situationen unterschiedliche Wörter oder Redewendungen benutzen, obwohl man die gleiche oder ähnliche Bedeutung ausdrücken will. Wörter oder Wendungen mit gleicher oder ähnlicher Bedeutung nennt man Synonyme.

In der Stilistik geht es um unterschiedliche Anwendungen der Sprache, abhängig von Kontext oder Situation. Wie man die Synonyme benutzt, hängt davon ab, ob beispielsweise man eine Unterhaltung unter Freunden führt oder ob es eine Besprechung zwischen Geschäftspartnern oder politischen Gegnern ist, ob es sich um Lehre oder eine Predigt in der Kirche handelt. Hier zeigen sich die Stilebene und stilistische Färbung.

Die Germanistik-Studenten an der Universität Graz entdecken 630 Synonyme und Umschreibungen für „sterben" und „gestorben sein" in der deutschen Sprache. Warum braucht man so viele Synonyme und wie verwendet man das? In dieser Arbeit werde ich diese Frage in Hinsicht der Stilebene und der stilistischen Färbung mit dem Wort „sterben" und dessen Synonymen als Beispiel erläutern.

e. Der „Parzival" von Wolfram von Eschenbach ist ein sehr berühmtes Werk in der deutschen Literaturgeschichte. Dieser Roman entsteht im ersten Jahrzehnt des 13. Jahrhunderts. Auf kunstvolle Weise verbindet Wolframs Roman den Artusstoff mit dem Gralsstoff und entfaltet ein handlungs- und figurenreiches Panorama der ritterlich-höfischen Kultur des Mittelalters. Die Geschichte von Parzivals Eltern, Parzivals Weg zur Ritterschaft und seine Ehe, sein Nicht-Fragen auf der Gralsburg, seine Abkehr von Gott sowie seine letztendliche Erwählung zum Gralskönig, und zugleich noch die Parallelhandlung der Abenteuer des Artusritters Gawan sind alle sehr spannend und interessant. Aber die Besonderheit dieses Romans liegt auch in dem Aufbau, z.B. der Vorgeschichte, der Struktur des Doppelromans, der Zeitstruktur usw. In dieser Arbeit möchte ich einmal versuchen, den Aufbau des Parzival zu interpretieren. Als Quellmaterial von meiner Arbeit dient die Ausgabe der Verlagsanstalt Tyrolia GmbH.

Nr.	Thema und Inhalt	Besonderheiten (positiv u. negativ)
1	- *Textlinguistik* -	*Negativ: Kein Grund angegeben, weshalb Methode von Beaugrande/Dressler verwendet wird*
2		
3		
4		
5		

☞ **Übung 4**

Lesen Sie bitte die folgende Einleitung einer studentischen Seminararbeit. Schreiben Sie bei jedem Abschnitt an den Rand, welchen Arbeitsschritt der Autor gerade ausführt. Gibt es Auffälligkeiten in den folgenden Textabschnitten?

1. Einleitung

Dass der Tod trotz oder gerade aufgrund der Fortschritte der modernen Medizin als eine Art geheimnisvolle Kraft empfunden wird, zeigten mir die irritierten Reaktionen meiner Mitmenschen, als ich anfing, mich mit der linguistischen Analyse von Todesanzeigen zu beschäftigen. Interessant ist hierbei, dass einer Umfrage zufolge[1] Todesanzeigen zu den am häufigsten gelesenen Sparten in Zeitungen gehören. Es kann also nicht geleugnet werden, dass sie auf irgendeine Art und Weise das Interesse der Bevölkerung wecken.

Während der Durchschnittsleser sein Augenmerk vermutlich vorrangig auf Namen und Lebensdaten des Verstorbenen richtet und alle weiteren Angaben mehr oder weniger intensiv studiert, besteht mein Interesse an Todesanzeigen darin, sie nach textanalytischen Kriterien zu untersuchen. Inwieweit können die allein schon graphisch voneinander abgetrennten Bausteine als einheitlicher Text im linguistischen Sinne von Brinker (1992, 17) verstanden werden, wonach ein Text als Folge von sprachlichen Zeichen definiert wird, „die in sich kohärent ist und als Ganzes eine erkennbare kommunikative Funktion signalisiert"? Des Weiteren scheint die Frage interessant zu sein, wie die einzelnen Elemente der Todesanzeige ausgestaltet sind. Welche Struktur und Funktion weisen sie auf?

Auf diesem Weg sollen mögliche Schwächen und Grenzen des textanalytischen Verfahrens aufgedeckt werden.

Um den eben genannten Fragen näher zu kommen, sollen 100 Todesanzeigen einer Regionalzeitung aus Oberfranken[2] untersucht werden. Sowohl überregionale Presse als auch reine Lokalzeitungen können nur am Rande berücksichtigt werden und werden bestenfalls zu Vergleichszwecken herangezogen. Desweiteren muss erwähnt werden, dass eine synchrone Untersuchung der Sparte Todesanzeige vorgenommen werden soll und eventuelle Veränderungen der Todesanzeige im Laufe der Zeit nicht betrachtet werden können. Auch Todesannoncen, die von Freunden oder Vorgesetzten aufgegeben werden, sollen nicht mein Augenmerk erhalten. Stattdessen erhält die von Familienangehörigen annoncierte Todesanzeige die volle Konzentration.

Die Vorgehensweise wird derart aussehen, dass die Todes-anzeige in einzelne „Bausteine" zerlegt wird, wobei allein schon die graphische Trennung der Textelemente als Richtlinie dienewird. Die separaten Bausteine sollen in aller Ausführ-lichkeit einer linguistischen Textanalyse unterzogen werden.

Über die Untersuchung der Einzelteile hinaus wird schließlich u. a. gegenüber der Frage Stellung bezogen werden können, ob man Todesanzeigen als Text oder als Zusammenstellung verschiedener Textmuster zu betrachten hat.

Die vorliegende Arbeit wird sich hauptsächlich an Klaus Brinkers Analyseschritte in seinem Buch Linguistische Textanalyse. Eine Einführung in Grundbegriffe und Methoden. 3., durchges. und erw. Aufl. Berlin 1992. orientieren.

Die Definition von *Text,* nach der sich die vorliegende Arbeit richtet, soll sich an Brinkers Textbegriff (1992, 17) orientieren. Unter *Text* soll somit eine Ansammlung sprachlicher Zeichen verstanden werden, die sowohl grammatische als auch thematische Kohärenz erkennen lässt und darüber hinaus in ihrer Ganzheit eine kommunikative Funktion aufweist.

Als *Textmuster* sollen Textklassen bezeichnet werden, die sich durch stark spezifizierende textinterne und pragmatische Merkmale auszeichnen[3].

---

[1] vgl. Jürgens (1996, 226)
[2] Nordbayerischer Kurier
[3] vgl. Bussmann (1990, 780 f.)

2. Sprachliche Mittel

Für eine gelungene Abschlussarbeit braucht man nicht nur ein gut durchdachtes und sinnvoll eingegrenztes Thema, sondern auch die passenden sprachlichen Mittel. Die folgenden Wendungen sollen Ihnen eine Vorstellung davon geben, welche Sprachstrukturen sich häufig in wissenschaftlichen Arbeiten finden lassen. Sie werden jedoch keinen flüssigen Text erzeugen, wenn Sie diese sprachlichen Mittel als Bausteine ansehen, mit deren Hilfe Sie eine ganze Arbeit bestreiten können. Dieses Kapitel versteht sich deshalb nur als einführender Überblick.

Im Folgenden werden geläufige Redemittel für die Einleitung einer Arbeit zusammengestellt. Sie können die Liste hier auch weiter ergänzen mit Ausdrücken, die Ihnen während Ihrer Lektüre begegnen.

1) Forschungsstand erläutern

Die Argumentationstheorie wird bei Baumgartner (2008, 15) folgendermaßen dargestellt: … In ihrem Werk „Der Anfang der Welt" untersucht Anne Ritzer (2007,

35) den Ursprung der Sprache. ... Bei der Untersuchung der Hochnäsigkeit in den Werken Thomas Manns stehen bei Helga Schatz (2007, 23) die Frauenfiguren in „Die Buddenbrooks" im Zentrum des Interesses.

- Bei XY wird ... folgendermaßen dargestellt: ...
- XY behandelt/analysiert/untersucht/erläutert in seinem Werk ...
- XY weist in seinem Buch „...." auf ... hin.
- Bei XY steht ... im Zentrum des Interesses.
- XY setzt sich zum Ziel, ...
- XY kommt es in seiner Untersuchung auf (A) ... an.

---

2) Vorgehen erläutern

Die Untersuchung der Anpassungsleistung von ausländischen Studierenden soll in zwei Schritten erfolgen. Im ersten Schritt soll versucht werden mithilfe einer Fragebogenanalyse Probleme der ausländischen Studierenden zu ermitteln. Der zweite Schritt besteht darin, ausländische Studierende per Telefoninterview zu befragen. ... Die Arbeit gliedert sich in 6 Kapitel. Zuerst will ich kurz darlegen, wie die Begriffe „Kultur" und „Kulturkompetenz" innerhalb der Arbeit zu verstehen sind ... Kapitel 2 ist der Diskussion des Begriffs „kulturelle Wahrnehmung" gewidmet. ... Ich komme vorerst zum Thema „Entfremdung" und wende mich dann der „Heimatlosigkeit" im Roman „Ach du" von Friederike Sattlers (2006, S. 34) zu.

- ... wird in zwei Schritten erfolgen. Im ersten Schritt soll versucht werden ... Der zweite Schritt besteht darin, ...
- Zunächst will ich ... zusammenfassen. Im Folgenden soll dann ...
- Die Arbeit gliedert sich in X Kapitel. Zuerst will ich kurz darlegen, ...
- Vor dem Hintergrund der ... gehe ich in Kapitel X auf ... ein und behandle in Kapitel X ...
- Kapitel X ist ... (D) gewidmet.
- ... werden abschließend in einer systematischen Übersicht zusammengefasst.
- Ich gehe zuerst auf (A) ... ein.
- Ich komme vorerst zu (D) ...

---

3) Eingrenzungen vornehmen, Schwerpunkte setzen

Diese Arbeit beschäftigt sich mit Starinterviews in der Presse. Auf Politiker- und Experteninterviews kann im Rahmen dieser Arbeit nicht eingegangen werden, da ... Wenn man Partnerschaftsanzeigen kulturkontrastiv untersucht, muss allerdings eingeräumt werden, dass es schwer ist, zwischen kulturellem und persönlichem Schreibstil zu unterscheiden. Deshalb muss die Interpretation sehr vorsichtig erfolgen.

- Auf (A) ... kann im Rahmen dieser Arbeit nicht eingegangen werden, da ...
- Allerdings muss eingeräumt werden, dass ...
- Ich kann (A) ... hier nicht weiter verfolgen, da ...
- Ich konzentriere mich im Folgenden auf (A) ...
- Ich gehe zuerst auf (A) ... ein.
- Ich komme vorerst zu (D) ...

☞ Übung 5

Lesen Sie die folgenden Einleitungen. Unterstreichen Sie bitte die sprachlichen Mittel, die Sie gut zum Verfassen Ihrer eigenen Arbeit verwenden können.

| 1 | Von sämtlichen Dramen Schillers ist die Geschichtstragödie Maria Stuart das erste Stück, in dem Frauenfiguren im Mittelpunkt stehen, die zugleich auch Königinnen sind – die schottische Königin Maria Stuart und die englische Königin Elisabeth. In diesem Stück wird Maria Stuart als eine völlig entrechtete Königin mit rein menschlicher Würde dargestellt, während Elisabeth im Gegenzug ganz entfremdet wirkt und die Tyrannei symbolisiert.

Schiller hat die beiden historischen Gestalten als politische und menschliche Rivalinnen dargestellt. Die dramatische Handlung entstammt aber nicht ganz der realen Geschichte des 16. Jahrhunderts. Der Schriftsteller hat viele fiktive Szenen und Figuren hinzugefügt, die literarische Fiktion unterschneidet Schillers Dichtkunst von seinen historischen Forschungen. Schiller ließ die dramatische Handlung konzentriert an drei aufeinander folgenden Tagen erfolgen, unter Beachtung der obligatorischen drei „Einheiten". An diesen drei Tagen werden die Schicksale der beiden Rivalinnen Maria Stuart und Elisabeth kontrastreich entfalten.

In der vorliegenden Arbeit wurde versucht, die Charakteristika der beiden Protagonistinnen symmetrisch in zwei Teilen – als Königinnen und in noch höherem Maße als Frauenfiguren, zu analysieren. Dabei darf aber nicht vergessen werden, dass die Charakterisierung der Hauptfiguren dem Leitmotiv des Stücks dient – für die Freiheit und gegen die Tyrannei zu kämpfen. |

2	Der „Natural Approach" (NA) ist eine seit über 20 Jahren im Fremdsprachenunterricht zuerst in Nordamerika, dann in Europa bewährte kommunikative Unterrichtsmethode. Der NA wurde in den 70er Jahren in nordamerikanischen Hochschulen entworfen und im Lauf der Zeit immer wieder auch durch deutsche Wissenschaftler erweitert und verfeinert. Er wird heute als theoretisch „in sich stimmige" und in der Praxis umfassende, besonders „gelungene Methode" zur optimalen Gestaltung des Fremdsprachenunterrichts angesehen.[1]

Im Folgenden möchte ich zuerst auf die Entstehung und Entwicklung des NA, dann über die sechs wichtigsten Prinzipien sowie schließlich über seine kritische, differenzierte Anwendung in unserer Unterrichtspraxis eingehen.

[1] Vgl. Asher, J.J.: The Total Physical Response Approach to Second Language Learning. In: The Modern Language Journal 53(1969)

3	Im Mittelpunkt der folgenden Ausführungen steht die Frage nach der kulturellen Determinierung kritischer Auseinandersetzungen. Wie gehen Kulturen damit um, Kritik zu üben, und welche sprachlichen Realisierungsformen gibt es, um diese Kritik zum Ausdruck zu bringen? Gibt es kulturspezifische Konventionen bei der schriftlichen Äußerung von Kritik, die für Unterschiede in den Textbauplänen maßgeblich sind? Eine Möglichkeit, diesen Fragen im wissenschaftlichen Kontext nachzugehen, bietet die Untersuchung von Rezensionen, da sie ein öffentliches wissenschaftliches Forum für die inhaltliche Auseinandersetzung mit Texten anderer Forscher darstellen. Da sie in hohem Maße durch eine evaluative Komponente geprägt sind, eignen sie sich zur Analyse kulturell determinierter Denkweisen und Darstellungsverfahren.

Aus diesem Grund wurden 30 deutsch- und 30 englischsprachige Rezensionen aus der Linguistik und der Psychologie untersucht. Im einzelnen geht es bei dem Vergleich um die Analyse der jeweiligen Makrostrukturen auf der Grundlage der Ermittlung varianter und invarianter Teiltextstrukturen und insbesondere um die Frage, inwieweit es Gemeinsamkeiten und Unterschiede gibt hinsichtlich des Umfangs und der Abfolge einzelner Teiltexte, in denen die Rezensionsvorlage bewertet wird. Darüber hinaus werden Ähnlichkeiten und Differenzen bei der sprachlichen Realisierung von Kritik untersucht, wobei die Verwendung von kritikabschwächenden Heckenausdrücken (hedges) bzw. von kritikverstärkenden Ausdrücken (intensifiers) im Mittelpunkt der Analyse steht. Abschließend wird die Darstellungshaltung des Rezensenten untersucht, d.h. die Frage, inwieweit der Rezensent bei der Äußerung seiner Kritik selbst in Erscheinung tritt.

> 4 | Im Zuge der Globalisierung und moderner Kommunikationstechnologien hat sich die gesellschaftliche Situation radikal geändert. (...)
>
> Laut der Formulierung des Beirats *Deutsch als Fremdsprache* des Goethe-Instituts ist das Hauptziel des Fremdsprachenunterrichts Aufbau einer interkulturellen Kommunikationsfähigkeit: „Unabhängig von sprachlichen Verwendungsbereichen und konkreten Fremdsprachenvermittlungskompetenzen wird Kommunikationsfähigkeit als übergreifendes, insbesondere auch interkulturell zu interpretierendes Lernziel des Fremdsprachenunterrichts verstanden." [1] Kurzum lernt man im Kontext des fremdsprachlichen interkulturellen Kommunikationsunterrichts die Fähigkeit, sich in der fremden Kultur zu orientieren und sich in einer interkulturellen Situation sprachlich adäquat zu verhalten.
>
> In diesem Beitrag versuche ich, auf interkulturelles Lernen bzw. Interkulturelle Kommunikation am Beispiel des Lehrwerks „*Moment mal!*" einzugehen und zu untersuchen, ob „*Moment mal!*" die Möglichkeit anbietet, interkulturelles Lernen mit der Vermittlung (alltags-)sprachlicher Fertigkeiten zu verknüpfen bzw. interkulturelles Lernen im DaF-Unterricht in den Sprachunterricht zu integrieren.
>
> [1] Beirat Deutsch als Fremdsprache des Goethe-Institut 1998, S.40

(Quelle: Ausschnitte aus „Neues Jahrhundert, neue Herausforderungen", Beijing 2004.)

☞ Übung 6

In den folgenden Einleitungen sind grammatische und Ausdrucksfehler zu finden. Außerdem fehlen an manchen Stellen die richtigen Sprach-/Redemittel. Verbessern Sie bitte die folgenden Textabschnitte.

Beispiele	Korrektur
„Parzival" ist ein berühmter Ritterroman <u>im</u> Mittelalter. In diesem Text wird er <u>zu</u> Entwicklungsroman <u>bewiesen</u>. <u>Der</u> Hauptfigur Parzival wird nicht nur innerhalb des Romans sondern auch im Vergleich zu Simplicissimus, <u>dem</u> Zentralfigur eines anderen Entwicklungsromans, „Der Abentheurliche Simplicissimus Teutsch" analysiert.	→ aus dem → → → → *hier: Komma wegstreichen*

Der Ausdruck „der Entwicklungsroman" bezeichnet einen Romantypus, in dem die Entwicklung einer einzelnen Zentralfigur beschrieben wird. Er erzählt eine große Menge von Einzelheiten über die Erlebnisse und Erfahrungen des Protagonisten und deren psychologische Verarbeitung bzw. Integration in seine Persönlichkeit. Diese Persönlichkeit bildet und entwickelt sich im Verlauf der Auseinandersetzung.	→ / (überflüssig) → →
In der Geschichte gibt es viele typische Entwicklungsroma, z.B. *Simplicissimus, Wilhelm Meisters Lehrjahre, die Blechtrommel* usw. Aber ob *Parzival* ein Entwicklungsroman ist, gibt es immer verschiedene Meinungen dazu. In diesem Text sieht man im Vergleich zu *Simplicissimus*, ein typischer Entwicklungsroman, ob *Parzival* ein Entwicklungsroman ist.	→ → → → →
Der Begriff „Diskurs" hat in der Philosophie, Psychologie, Linguistik usw. ganz viele unterschiedliche Bedeutung. In dieser Arbeit benutze ich die Diskursdefinition von dem französischen Philosoph und Ideenhistoriker Michel Foucault. Im folgenden Text wird zuerst die Definition des Diskurses von Foucault und des entsprechenden literarischen Diskurses einfach erklärt. Daraus wird das Hauptmerkmal des literarischen Diskurses der Kulturrevolution geschlossen, weil das Standarddrama der größte Teil der literarischen Werke in der Kulturvevolution und ein wichtiges Spiegelbild des literarischen Diskurses der Kulturvevolution ist, wird dessen Besonderheit mit einem Beispiel, nämlich dem Stück „Taktische Eroberung des kraftvollen Tiger-Bergs" analysiert und dadurch die oben erhaltene Folgerung von dem Hauptmerkmal des literarischen Diskurses der Kulturrevolution begründet.	→ → → → →„Kulturrevolution" → → → → →
Deutsch zu lernen macht viel Mühe. Nicht wenige Lerner verlieren die Geduld oder lassen den Kopf sinken, denn sie meinen, sie kommen nicht vom Fleck. Es reicht noch lange nicht, Wörter und Grammatik beherrscht zu haben. Man sollte sich tiefer in diese Sprache drängen. Dabei spielen Idiome eine wichtige Rolle. Deutsche Idiome sind nicht nur tief in die deutsche Sprache, sondern auch in die deutsche Kultur intergriert. Deshalb sollte man als Deutschlerner auch gute Kenntnisse über deutsche Idiome haben, da viele Idiome häufig sowohl in der Umganssprache als auch in der schriftlichen Sprache verwendet werden.	*Hier: sprachlich und stilistisch zu verbessern* → → → →

☞ Übung 7

Schreiben Sie nun die Einleitung Ihrer eigenen Abschlussarbeit.

Kapitel 7

Methoden und Grundlage der Analyse

> **Lernziele**
>
> 1. Wie stellt man ein Untersuchungskorpus zusammen?
> 2. Wie funktioniert die Arbeit mit Fragebögen?
> 3. Welche Analysemethoden bieten Sprach- und LIteraturwissenschaft?

1. Ein linguistisches Textkorpus zusammenstellen

Der Student Xu Lingfei will über „Modalverben in Überschriften von Internet-Nachrichten" schreiben. Die Arbeit will aufzeigen, welche Modalverben in Überschriften von Nachrichten im Internet häufig gebraucht werden, welche Beziehungen zwischen der Art der Modalverben und der Textklasse des Zeitungsartikels im Internet bestehen und welche Beziehungen zwischen der Verwendung der Modalverben und dem Inhalt des Artikels bestehen. Außerdem will er auch durch den Sprachvergleich die Besonderheiten der Verwendung der deutschen und chinesischen Modalverben in Überschriften von Nachrichten im Internet herausfinden. Kurz gesagt will er also in der Arbeit untersuchen:

- Häufigkeit und Art der verwendeten Modalverben
- Zusammenhang der verwendeten Modalverben – Textklasse
- Zusammenhang der verwendeten Modalverben – Inhalt der Nachricht
- Deutsche und chinesische Besonderheiten bei der Verwendung der Modalverben

Für so eine Arbeit muss man ein großes Korpus haben, wenn man überzeugende Ergebnisse herausarbeiten will. Daher wählt er die Überschriften der Nachrichten auf den Webseiten von „Bild" (http://www.bild.t-online.de) und der „Yangtse-Abendzeitung" (http://www.yangtse.com) als Untersuchungskorpus. Der Grund, warum diese zwei Zeitungen ausgewählt werden, liegt darin, dass beide Zeitungen zu den meistgelesenen des jeweiligen Landes zählen. Noch wichtiger aber ist, dass beide Zeitungen ähnliche Leserkreise haben, und der Stil der Artikel von beiden Zeitungen vergleichbar erscheint. Das Korpus umfasst alle Überschriften mit Modalverben auf den Webseiten der beiden Zeitungen der Ausgaben 1. bis 7. April 2007.

Im Folgenden ist ein kleiner Abriss dieses Korpus.

Die Überschriften von Zeitungsartikeln auf der Webseite von dem „Bild"
(http://www.bild.t-online.de):

„können":
- Wie kann ich jetzt bei meiner Krankenkasse Geld sparen? (2. April 2007)
http://www.bild.t-online.de/BTO/tipps-trends/geld-job/2007/04/02/
gesundheitsreform/geld-sparen-tipps.html
- Wie viele Eier kann ich essen? (5. April 2007)
http://www.bild.t-online.de/BTO/tipps-trends/gesund-fit/2007/04/ostern/eier.
html
- Chinesische Heilkräuter können Krebs-Tumore zerstören (3. April 2007)
http://www.bild.t-online.de/BTO/tipps-trends/gesund-fit/2007/04/kraeuter/
china-heilkraeuter-krebs-tumore.html

„müssen":
- Muss Ferrari in Malaysia von hinten starten? (1. April 2007)
http://www.bild.t-online.de/BTO/sport/2007/04/01/formel1-malaysia/ferrari-
motorplatzer.html
- Große Telefonaktion – unsere Experten sagen Ihnen, was Sie wissen müssen
  (1. April 2007)
http://www.bild.t-online.de/BTO/news/2007/04/01/gesundheitsreform/hg-
experten.html

„wollen":
- Auto-Industrie will Versöhnung mit den Grünen (1. April 2007)
http://www.bild.t-online.de/BTO/news/2007/04/01/wissmann/dialog-
autoindustrie-gruenen.html
- Wowi will Eisbär Knut verkaufen (2. April 2007)
http://www.bild.t-online.de/BTO/news/2007/04/02/april-scherze/wowereit-
knut.html
- Ich will meine Frau zurück! (3. April 2007)
http://www.bild.t-online.de/BTO/news/2007/04/03/maedchen-tuerkei/freund.
html

Die Überschriften von Zeitungsartikeln auf der Webseite von der „Yangtse-
Abendzeitung" (http://www.yangtse.com):

„能":
基金不能代替储蓄 (1. April 2007)
http://www.yangtse.com/xwpd/cj/200704/t20070402_276221.htm
婚姻无效侵害方不能分财产 (2. April 2007)
http://www.yangtse.com/njpd/njfz/200704/t20070403_276750.htm
读者纷纷来电不能歧视外来工 (2. April 2007)
http://www.yangtse.com/njpd/njfz/200704/t20070403_276753.htm

所有血型都能„转O" (2. April 2007)

„该":
利息税，该改革了 (2. April 2007)
http://www.yangtse.com/lcpd/yhpd/ylxw/200704/t20070402_276416.html
泡温泉时该带什么护肤品？ (2. April 2007)
http://www.yangtse.com/ssxf/mrss/200704/t20070402_276628.htm
新欢旧爱 我到底该选谁 (2. April 2007)
http://www.yangtse.com/ssxf/zqal/200704/t20070403_276826.htm
...

☞ **Übung 1**

*Sie wollen nun eine Arbeit über das Thema „Anglizismen in der deutschen Werbung"
schreiben. Lösen Sie die folgenden Aufgaben und schreiben Sie kurz über das Untersuchungskorpus mit Korpusbeispielen.*

➢ *Wo können Sie Ihr Korpus finden?*

in Zeitschriften, ...

➢ *Wie werden Sie Ihr Korpus zusammenstellen?*

nach Wortarten, nach Herkunft, ...

➢ *Welches Korpus werden Sie für Ihre Arbeit verwenden?*

Substantivische Anglizismen wie „Lifestyle", ...

. . .

2. Empirische Untersuchung mit Erstellung von Fragebögen

Für die Arbeit mit dem Thema „Empirische Untersuchung zu Lerngewohnheiten und
Lernmethoden des deutschen Wortschatzes" ist ein Fragebogen zu erstellen. Durch
den folgenden Fragebogen kann der Verfasser sowohl einen Überblick über Lerngewohnheiten und Lernmotive im Allgemeinen erhalten, als auch herausfinden, ob
es in dieser Hinsicht Unterschiede bei männlichen und weiblichen Studierenden
gibt und ob diese auch von der Semesterzahl abhängen. Der folgende Fragebogen
besteht aus zwei Teilen.

Teil 1

Geschlecht:	☐ männlich	☐ weiblich	
Semesterzahl:	1 ☐ 2 ☐	3 ☐ 4 ☐	
Wochenstunden:	8 ☐ 12 ☐	14 ☐ 16 ☐	

Was ist für Sie am wichtigsten beim Deutschlernen?

_____

Was ist für Sie am schwierigsten beim Deutschlernen?

_____

Teil 2

	trifft zu	trifft teil- weise zu	trifft nicht zu	kann ich nicht beurtei- len
Meine Lernmotivation ist groß.				
Ich habe die Möglichkeit, später im Berufsleben Deutsch anzuwenden.				
Ich habe vor, später in deutschsprachigen Ländern zu reisen, zu studieren oder zu arbeiten.				
Neben den Unterrichtsstunden benutze ich noch das Lernprogramm im Internet z.B. vom Goethe-Institut.				
Ich lerne immer die neuen Wörter auswendig.				
Ich schreibe alles, was ich neu gelernt habe, auf.				
Beim Lesen schlage ich immer sofort das unbekannte Wort nach.				

Ich lerne den Wortschatz immer im Kontext, also mit dem Text zusammen.				
Lautlesen ist hilfreich, um die Vokabeln zu merken.				
Bei neuen Wörtern kann ich die Bedeutung aus dem Kontext erschließen.				
Bei neuen Wörtern kann ich die Bedeutung anhand der Wortbildung erschließen.				
Bei neuen Wörtern kann ich an die schon gelernten Wörter anknüpfen.				

☞ **Übung 2**

Lesen Sie den folgenden Fragebogen und lösen Sie dabei die folgenden Aufgaben.

➢ *Welchen Titel würden Sie der Arbeit mit diesem Fragebogen geben?*

_____

➢ *Auf welche Fragen bekommen Sie als Ersteller des Fragebogens Antworten?*

_____

➢ *Wie können Sie den Fragebogen noch ergänzen?*

_____

Fragebogen

Alter: ☐ unter 18 ☐ 18-25 ☐ über 25

Geschlecht: ☐ männlich ☐ weiblich

1. Wie häufig benutzen Sie Web-Foren?

☐ häufig ☐ gelegentlich ☐ nie

2. Mit welchen Bereichen befassen Sie sich in Web-Foren?

- ☐ Politik/Wirtschaft
- ☐ Hobby/Unterhaltung
- ☐ Gesundheit/Familie
- ☐ Sonstiges

3. Wie benutzen Sie Web-Foren?

- ☐ Diskutieren mit anderen registrierten Mitgliedern
- ☐ Beiträge blättern und lesen
- ☐ Informationsbeschaffung und -austausch
- ☐ Sonstiges

4. Mit welcher Motivation benutzen Sie Web-Foren?

- ☐ Langeweile
- ☐ Informationsbedarf
- ☐ Spaß
- ☐ Bekanntschaft schließen
- ☐ Sonstige: _____

5. _____

- ☐ _____
- ☐ _____
- ☐ _____
- ☐ _____

3. Analysemethoden der Sprachwissenschaft[1]

„Sprachwissenschaft" ist die umfassende Bezeichnung für die wissenschaftliche Beschäftigung mit der Sprache in allen ihren Bezügen, mit den Einzelsprachen und ihren Gliederungen. Mit derselben Bedeutung wie „Sprachwissenschaft" wird auch die Bezeichnung „Linguistik" verwendet.

[1] Nach W. Kürschner Taschenbuch Liguistik (2003), verkürzt und modofiziert.

1) Was kann man im Bereich der Linguistik erforschen?

➢ Sprache als Struktur

➢ Sprache als kollektiver Besitz einer räumlich und sozial gegliederten Sprachgemeinschaft

➢ Sprache als individuelle Sprechfähigkeit

➢ Sprache als geschichtlich vermitteltes und veränderbares Gebilde

➢ Einzelsprachen in ihren Beziehungen zueinander.

Die Beschreibung der Sprachstruktur ist Aufgabe der **Grammatik**, die sich u.a. in die Ebenen Phonologie, Morphologie, Wortartenlehre, Syntax, Textgrammatik gliedert. Grundbegriffe der Grammatik sind „Wort" und „Satz".

Die **Phonologie** mit der **Phonetik** beschreibt die Eigenschaften der kleinsten Elemente, in die sich der beim Sprechen hervorgebrachte Lautstrom gliedern lässt, und die Kombinationen dieser Elemente. Forschungsobjekte in diesem Bereich könnte z.B. eine kontrastive Untersuchung der deutschen und chinesischen Phonemsysteme sein.

Die **Morphologie** (auch Morphemik oder Morphematik genannt) hat den internen Aufbau von Wörtern zum Gegenstand und stellt Morpheme als kleinste sprachliche Einheiten mit Ausdruck und Inhalt fest. Sie beschreibt die unterschiedlichen (Flexions-)formen und die Kombinationsmöglichkeiten von Morphemen zu komplexen Wortstämmen (**Wortbildungslehre**). In der Wortartenlehre werden die Gliederung des Wortschatzes in unterschiedliche Wortarten (Verb, Substantiv usw.) und die zugehörigen grammatischen Kategorien dargestellt. Die **Wortbildung** untersucht und beschreibt Verfahren und Gesetzmäßigkeiten bei der Bildung neuer komplexer Wörter auf der Basis vorhandener sprachlicher Mittel. Als wissenschaftliche Beschäftigung in diesem Bereich bieten sich u.a. Affixbildung, Präfixbildung der Verben, Suffixe der Substantive, Verwendung von Partikeln, Substantivische Komposita, Ableitung von Verben an.

In der **Syntax** beschäftigt man sich mit der Kombination von Wörtern der unterschiedlichen Wortarten zu Sätzen und fragt nach den Regeln, die den möglichen Kombinationen zugrunde liegen. Zur syntaktischen Forschung sind z.B. Satzglieder, Satzgliedstellung, Satzarten, Tempus, Passiv/Aktiv, Konjunktiv usw. geeignet.

Die **Textgrammatik** geht über die Untersuchung von Einzelsätzen hinaus, sucht nach den Prinzipien der Textbildung und stellt unterschiedliche Textsorten mit ihren konstitutiven Merkmalen fest. Themen wie Verbindungselemente der deutschen Sätze, Kohäsion in Märchen, Konjunktionaladverbien und Satzverknüpfung usw. sind hier zuzuordnen.

In der **Semantik** wird die Bedeutung von Wörtern, Sätzen und Texten beschrieben.

Dabei kann man sich auf die Ergebnisse der **Lexikologie** stützen, die den Wortschatz einer Sprache wissenschaftlich zu beschreiben und zu ordnen sucht. Die **Lexikographie** stellt dar, wie diese Erkenntnisse sich in Wörterbüchern spiegeln. Ein Untersuchungsgegenstand für Germanistikstudenten in China könnte z.B. Bedeutung und Funktion des Wortfeldes „Erziehung" in der Erzählung „ ... " sein.

Die **Pragmatik**, die die Beziehungen zwischen Sprache und Sprachbenutzer untersucht, wird gewöhnlich nicht zur Grammatik gerechnet; sie will die kollektiven und individuellen Bedingungen und Regeln aufdecken, denen das sprachliche Handeln als Teil des gesamten menschlichen Handelns unterliegt. Der mündliche Sprachgebrauch (**gesprochene Sprache**) spielt hier eine besondere Rolle und ist einer der Untersuchungsgegenstände der **Konversationsanalyse** (Dialog-, Gesprächsforschung).

Die soziale und die räumliche Gliederung der Sprache werden von der Soziolinguistik untersucht. Die **Soziolinguistik** fragt nach der spezifischen Sprachbeherrschung, Sprachverwendung und Spracheinstellung von Sprechern verschiedener sozialer Schichten, verschiedener Altersstufen, verschiedener Geschlechter usw. und beschreibt u.a. das Verhältnis zwischen Standardsprache (Hochsprache) und den einzelnen Sprachausprägungen (Varietäten). Forschungen über Internetsprache, Jugendsprache und Jargon gehören hierzu.

Die **kontrastive Linguistik** beschäftigt sich mit dem Sprachvergleich, deren Ergebnisse besonders im angewandten Bereich der Sprachlehr- und Sprachlernforschung zur Weiterentwicklung von Methoden der Sprachvermittlung beitragen. Für chinesische Germanistikstudenten ist deutsch-chinesische Vergleichsforschung interessant und nützlich.

☞ Übung 3

Welche Hauptbereiche hat die Linguistik? Welches Thema oder welchen Gegenstand könnte man für eine schriftliche Abschlussarbeit wählen?

Hauptbereiche der Linguistik	Thema/Gegenstand der Arbeit

2) Welche Analysemöglichkeiten gibt es?

Wenn Sie ein Thema für eine linguistische Untersuchung festgelegt haben, sollten Sie überlegen, mit welchen Methoden Sie analysieren werden. Man kann sprachliche Erscheinungen entweder auf Wort-, Satz- und Textebene oder auch auf semantischer, syntaktischer und pragmatischer Ebene untersuchen.

Das Thema „Kontrastive Untersuchungen zu deutschen und englischen Präpositionen" enthält Untersuchungsschritte wie „Strukturformen", „Bedeutung" und „Funktion" von Präpositionen.

Im Kapitel „Strukturformen" kann man die Form der deutschen und englischen Präpositionen klassifizieren, dann Ähnlichkeiten und Unterschiede in den Strukturformen herausfinden. Ein Sonderfall im Deutschen ist die Verschmelzung von Präposition und Artikel. Da Deutsch und Englisch eng verwandte Sprachen sind, sind einige gleichförmige und bedeutungsgleiche Präpositionen gesondert zu behandeln.

Bei der Untersuchung der „Funktion der Präposition" könnte man bspw. zuerst Präpositionen mit Kasusrektion im Deutschen und Präpositionen mit Objekt im Englischen erläutern und dann die Präpositionalphrase als Satzglied, nämlich als Adverbialbestimmung, als Attribut, als Subjekt oder Objekt untersuchen. Zum Schluss werden für die Bedeutung der Präpositionen u.a. die temporale, lokale, modale und kausale Bedeutung untersucht und miteinander verglichen. Es gibt in beiden Sprachen auch mehrdeutige Präpositionen, die getrennt behandelt werden müssen.

Ein Beispiel für die Untersuchung auf „pragmatischer Ebene": Sie möchten das Thema „Verwendung von Modalpartikeln in der Unterrichtskommunikation bei Muttersprachlern und Deutschlernern" bearbeiten. Hierzu verwenden Sie Unterrichtsaufnahmen, in denen sowohl deutsche Muttersprachler als auch Fremdsprachenlerner über Literatur diskutieren. Die Arbeit könnte so aufgebaut sein, dass Sie vorerst den Begriff „Modalpartikel" definieren und relevante Forschungsliteratur auswerten. Sie könnten ein Kategorisierungssystem von Modalpartikeln vorstellen, nach dem Sie sich richten. Nach dieser theoretischen Auseinandersetzung sollten Sie einen Überblick über das Textkorpus geben und die Textstellen mit Modalpartikeln nach Sprecher und Funktion der Modalpartikeln kategorisieren. Schließlich präsentieren Sie das Ergebnis der Arbeit und beantworten bspw. Fragen wie: Welche Gruppe benutzt häufiger Modalpartikel – Muttersprachler oder Nicht-Muttersprachler? Welche Funktion erfüllen die Modalpartikel? Welche Modalpartikel kommen am häufigsten vor? Welche Erklärung dafür gibt es? Mit diesen und ähnlichen Fragestellungen können Sie die Verwendung von Modalpartikeln eingehend behandeln.

Sie haben das Thema „Bedeutung und Funktion der deutschen Verbalpräfixe in Komposita" als Abschlussarbeit. Wie würden Sie damit anfangen? Wie können Sie das Thema eingrenzen? Schreiben Sie Ihre Vorgehensweise und Analysemöglichkeiten auf.

4. Analysemethoden der Literaturwissenschaft

1) Was kann ich in einem literarischen Text analysieren?

Sie sollten nicht nur untersuchen, was erzählt wird, sondern auch, wie von wem erzählt wird und warum etwas erzählt wird. Im Folgenden beschäftigen wir uns vor allem mit der Untersuchung von Prosa. Bei Lyrik und Dramen wenden Sie zwar ähnliche Analysemethoden an wie bei der Prosa. Sie müssen jedoch auf spezifische Formen und Elemente der jeweiligen Gattung eingehen. Bei Lyrik z.B. auf „das lyrische Ich", die Gedichtformen, Verse, Rhythmen, Strophen, Reime und Klangstrukturen. Beim Drama z.B. auf die Art des Dramas, die Dialogstruktur und die Kompositionsstrukturen.

Stoff, Thema, Motiv

Stoff: eine Handlungsstruktur, die sich aus Motiven zusammensetzt und verschiedenen Texten zugrunde liegt. Stoffe kommen aus antiken Mythen (Ödipus), Volkssagen (Artus), biblischen Geschichten (Adam und Eva), literarischen Vorlagen (Faust) und der Geschichte (Wallenstein).

Thema: die abstrahierte Grundidee eines Textes

Motiv: kleinste semantische Einheit (das Motiv des gemeinsamen Liebestodes, das Inzestmotiv, das Stiefmuttermotiv)

Struktur

Sie sollten sich z.B. fragen: Wie ist der Text aufgebaut? Wie wird Spannung erzeugt, wo ist der Höhepunkt und wie wird die Spannung aufgelöst? Gibt es eine Rahmenhandlung? Wird die Geschichte vom Ende her erzählt? Gibt es mehrere Handlungsstränge? Wird der Text linear bzw. chronologisch erzählt? Gibt es auffällige Wendepunkte im Text? Was ändert sich da?

Erzähler (Erzählsituation/ -verhalten), Erzählperspektive

Der Erzähler und der Autor sind nicht gleichzusetzen. Sie sollten zwischen folgenden Erzählsituationen unterscheiden:

Auktorialer Erzähler: Er wird auch allwissender oder olympischer Erzähler genannt, denn er weiß alles und überschaut alle Ereignisse und Personen. Er erzählt von einem überhöhten Beobachterstandpunkt aus, steht außerhalb des Geschehens und hat Distanz dazu. Ein auktorialer Erzähler wird besonders deutlich, wenn er kommentiert oder sich direkt an den Leser wendet.

Personaler Erzähler (Er-Form): Man spricht von einem personalen Erzähler, wenn die Geschichte aus der Sicht einer literarischen Figur in der 3. Person erzählt wird. Bei dieser Erzählperspektive weiß der Erzähler nur so viel wie die Person, aus deren Sicht er erzählt.

Ich-Erzähler: Es handelt sich um einen Ich-Erzähler, wenn die Geschichte in der Ich-Form erzählt wird. Anders als beim auktorialen Erzähler gehört der Ich-Erzähler zur Welt der Erzählung. Er scheint das Erzählte unmittelbar erlebt oder aus erster Hand erfahren zu haben.

Innen- und Außensicht: Bei den Erzählperspektiven können Sie eine Innen- und eine Außensicht unterscheiden. Bei der Innensicht kennt der Erzähler die Gefühle und Gedanken der Figuren. Bei der Außenperspektive weiß der Erzähler nur, was er wahrnehmen kann, kennt aber nicht die Gefühle und Gedanken der anderen.

Außerdem sollten Sie sich fragen, ob der Erzähler zuverlässig ist und ob realistisch erzählt wird.

Zeit

Sie sollten zwischen Erzählzeit und erzählter Zeit unterscheiden.
Erzählzeit: auch Lesedauer, die Zeit, die man zum Erzählen benötigt.
Erzählte Zeit: die Zeit, die das erzählte Geschehen umfasst.
Es gibt drei Beziehungen zwischen der erzählten Zeit und der Erzählzeit:
Zeitdeckendes Erzählen: Erzählzeit und erzählte Zeit sind deckungsgleich.
Zeitdehnendes Erzählen: Die erzähte Zeit ist kürzer als die Erzählzeit.
Zeitraffendes Erzählen: die erzählte Zeit ist länger als die Erzählzeit.

Raum

Der Raum kann konkreter Handlungsort, Lebensraum einer Figur, Stimmungsraum in der Beziehung zu einer Figur und Kontrastraum zwischen einem Handlungsort und den erzählten Ereignissen sein. Sie sollten sich z.B. fragen, wo spielt die Geschichte? Wann und warum findet ein Ortswechsel statt? In welcher Relation stehen Raum und Handlung zueinander? Hat der Raum eine symbolische Bedeutung?

Figuren

Sie sollten sich z.B. folgende Fragen stellen: Wie sind die Haupt- und Nebenfiguren beschrieben und charakterisiert? In welcher Beziehung stehen sie zueinander und zur Umwelt? Was führt die handelnden Personen zu ihrem Verhalten? In welcher sozialen Bindung stehen sie? In wiefern sind sie keine Individuen, sondern stehen für Typen in der Gesellschaft? Wenn Sie z.B. den Eindruck haben, dass eine Figur unehrlich ist, müssen Sie entsprechende Textstellen herausfinden und interpretieren, um Ihre Einschätzung durch Argumente beweisen zu können.

2) Wichtige Textstellen und Schlüsselwörter

Suchen Sie nach Textstellen und Schlüsselwörtern, die für den Textaufbau, die Handlung, den Ausdruck der Grundgedanken und das Textverständnis bedeutend sind.

3) Redeformen

Bei den Redeformen lassen sich direkte Rede, indirekte Rede, erlebte Rede, Innerer Monolog und Bewusstseinsstrom unterscheiden. Sie sollten sich fragen: Warum wird eine bestimmte Redeform benützt? Wie wirkt diese Technik – spannend, lebendig, langweilig oder schwerfällig?

<u>Direkte Rede</u>: Die Rede einer Figur ist durch Anführungszeichen als wörtliche Rede gekennzeichnet.

<u>Indirekte Rede</u>: Äußerungen und Gedanken der Figuren werden vom Erzähler referiert. Dabei gibt es Verben der Redewiedergabe wie: er sagte, er meinte, er dachte.

<u>Erlebte Rede</u>: Gedanken und Empfindungen einer Figur werden in der 3. Person, aber im Präteritum und im Indikativ wiedergegeben. Diese Redeweise dient dazu, dem Leser einen direkten Einblick in das Innere der Personen zu gewähren.

Beispiel:

> Er hatte keine Zeit. Er war bei Gott überhäuft. Sie sollte sich gedulden und sich gefälligst noch fünfzigmal besinnen!
>
> (Thomas Mann: *Buddenbrooks*)

<u>Innerer Monolog</u>: Hier wird die Ich-Form verwendet. Es handelt sich also um ein stummes Selbstgespräch in direkter Rede. Der Innere Monolog will dem Leser ebenfalls einen direkten Einblick in das Innere der Person gewähren. Das geschieht formal in der Ich-Perspektive. Nicht immer werden diese Äußerungen durch Anführungszeichen gekennzeichnet.

Beispiel:

> Wie lange wird denn das noch dauern? Ich muss auf die Uhr schauen ... schickt sich wahrscheinlich nicht in einem so ernsten Konzert. Aber wer sieht´s denn? Wenn´s einer sieht, so passt er gerade so wenig auf, wie ich, und vor dem brauch´ ich mich nicht so genieren ...
>
> (Arthur Schnitzler: *Leutnant Gustl*)

<u>Bewusstseinsstrom</u>: Beim Bewusstseinsstrom werden Gedanken oder auch Bilder und Assoziationen, die aus dem Unterbewusstsein der dargestellten Person auftauchen, so wiedergegeben, wie sie dieser durch den Kopf jagen. Dabei werden Gedanken- und Erinnerungsfetzen aneinander gereiht und grammatikalisch oft unvollständig wiedergegeben.

Beispiel:

> Draußen bewegte sich alles, aber – dahinter – war nichts! Es – lebte – nicht! Es hatte fröhliche Gesichter, es lachte, wartete auf der Schutzinsel gegenüber Aschinger zu zweit oder zu dritt, rauchte Zigaretten, blätterte in Zeitungen.
>
> (Alfred Döblin: *Berlin Alexanderplatz*)

4) Sprache und Stil

Sie sollten sich fragen: Was fällt mir an der Sprache auf? Gibt es hier Stilbrüche? Hierzu gehören z.B. Wortwahl, Syntax, Zeitform, Länge und Kürze der Sätze, Humor, rhetorische Figuren. Diese Elemente sollten Sie nicht isoliert betrachten, sondern im Zusammenhang mit dem Gesamttext, etwa zu der Frage: Wie wirkt die Sprache auf die inhaltliche Gestaltung?

<u>Rhetorische Figuren</u> (Auswahl)

Rhetorische Figur	Beispiel	Definition
Ellipse	„Was nun?"	unvollständiger Satz
Euphemismus	„Heimgang" für Tod	Beschönigung
Hyperbel	„ein Meer von Tränen"	Übertreibung
Ironie	„Du bist mir ein schöner Freund."	Das Gegenteil des Behaupteten ist gemeint
Metapher	„das Feuer der Liebe"	Bedeutungsübertragung: ein Wort wird in einer andern als der ursprünglichen Bedeutung verwendet
Oxymoron	„bittere Süße"	Verbindung zweier Vorstellungen, die sich eigentlich ausschließen

Paradoxon	„Das Leben ist der Tod, der Tod ist das Leben."	Scheinwiderspruch
Periphrase	„der Allmächtige" für Gott	Umschreibung
Personifikation	„der Himmel lacht"	Vermenschlichung
Rhetorische Frage	„Machen wir nicht alle Fehler?"	Nur scheinbare Frage, um einer Aussage besonderen Nachdruck zu verleihen
Symbol	„Krone" als Symbol der Macht	Erkennungszeichen oder bildhafte Gestaltung
Synästhesie	„Durch die Nacht, die mich umfangen, / Blickt zu mir der Töne Licht."	Verbindung unterschiedlicher Sinneseindrücke
Vergleich	„Achill ist stark wie ein Löwe."	Verknüpfung zweier semantischer Bereiche mithilfe einer Vergleichspartikel und durch Hervorhebung des Gemeinsamen

Beispiele für Redemittel der Analyse:

Zum Ausdruck von Titel, Autor und Thema:

- Die Geschichte mit dem Titel „...." von ...(Autor) handelt von ...
- In der Erzählung mit der Überschrift „...." von ...(Autor) geht es um ...
- Die Geschichte mit dem Titel „...." von ...(Autor) setzt sich mit ... auseinander.

Zur inhaltlichen Gliederung:

- Der Text gliedert sich in drei Sinnabschnitte.
- Der Text ist in drei Sinnabschnitte gegliedert/unterteilt.

Zur Beschreibung der Handlung:

- Die Geschichte spielt/ereignet sich in einer Zeit/an einem Ort, wo ...
- Wie ein roter Faden zieht sich ... durch die ganze Geschichte.
- Schon der erste Satz dieser Erzählung führt in das Spannungsfeld des Textes hinein.

- Hier erfolgt eine Rückblende.
- Mit diesem Satz erreicht die Geschichte ihren Wendepunkt/ihren Höhepunkt.

Zur Personenbeschreibung und –charakterisierung:

- X Y verhält sich typisch für Leute, die ....
- Das Verhalten von X Y ist charakteristisch für Leute, die ...
- X Y steht stellvertretend für Leute, die ...
- Diese Charaktereigenschaft lässt sich daran ablesen/erkennen/sehen, dass ...
- Der Gegensatz/Kontrast zwischen den zwei Personen wird durch ihr Aussehen und/oder ihr Verhalten zum Ausdruck gebracht.

Zur Deutung wichtiger Textstellen:

- Dieser Satz deutet darauf hin, dass ...
- Das Licht symbolisiert für .../ist ein Symbol für ...
- Diese Beschreibung hat eine Kontrastfunktion ...
- Die Puppe steht für .../verkörpert .../spiegelt ... wider.
- Das deutet an, dass ...

Zur Analyse der Erzählperspektive und der Sprache:

- Der Autor bedient sich einer auktorialen Erzählperspektive.
- Der Text wird in der Ich-Form aus der Sicht von ... erzählt.
- Bei der Betrachtung der Sprache fällt auf, dass ...
- Auffallend an dem Stil ist ...
- Die einfache/schlichte/ironische Sprache bewirkt/erzielt die Wirkung/dient dazu/vermittelt dem Leser, dass ...
- Durch eine Reihe von kurzen Sätzen wird Spannung erzeugt/wird die Spannung gesteigert/wird die Dynamik von ... vergegenwärtigt.
- Mithilfe einer alltäglichen und schlichten Sprache, die typisch für Kurzgeschichten ist, gelingt es dem Autor, ...
- Der Erzähler verwendet sehr viele Adjektive/Adverbien/dynamische/statische Verben/..., die den Text sehr anschaulich/dynamisch ... machen.
- Der Verzicht auf alle schmückenden und beschreibenden Adjektive und Adverbien lässt den Text (zunächst) sehr sachlich und nüchtern erscheinen.

☞ **Übung 5**

Um welche Erzählsituation und welche Erzählperspektive handelt es sich in den folgenden Textauszügen?

Textauszüg	Erzählsituation Erzählperspektive
1. Eine wunderbare Heiterkeit hat meine ganze Seele eingenommen, gleich den süßen Frühlingsmorgen, die ich mit meinem ganzen Herzen genieße. Ich bin allein und freue mich meines Lebens in dieser Gegend, die für solche Seelen geschaffen ist wie die meine. Ich bin so glücklich, mein Bester, so ganz in dem Gefühle von ruhigem Dasein versunken. (Johann Wolfgang von Goethe: *Die Leiden des jungen Werther*)	
2. Als Gregor Samsa eines Morgens aus unruhigen Träumen erwachte, fand er sich in seinem Bett zu einem ungeheuren Ungeziefer verwandelt. Er lag auf seinem panzerartig harten Rücken und sah, wenn er den Kopf ein wenig hob, seinen gewölbten, braunen, von bogenförmigen Versteifungen geteilten Bauch, auf dessen Höhe sich die Bettdecke, zum gänzlichen Niedergleiten bereit, kaum noch erhalten konnte. Seine vielen, im Vergleich zu seinem sonstigen Umfang kläglich dünnen Beine flimmerten ihm hilflos vor den Augen. (aus: Franz Kafka: *Die Verwandlung*)	
3. Den Milchmann interessiert es nicht, in welchem Stock Frau Blum wohnt, der Topf steht unten an der Treppe. Er macht sich keine Gedanken, wenn er nicht dort steht. In den ersten Mannschaften spielte einmal ein Blum, den kannte der Milchmann, und der hatte abstehende Ohren. Vielleicht hat Frau Blum abstehende Ohren. (aus: Peter Bichsel: *Der Milchmann*)	

☞ **Übung 6**

Um welche der drei Darstellungsformen (Erlebte Rede, Innerer Monolog oder Bewusstseinsstrom) handelt es sich in den folgenden Textausschnitten?

Textausschnitte	Darstellungs-formen
1. Kleine schwarze Türspalte, ihre Augen, er bückt sich zärtlich herunter, schmunzelt, wedelt mit dem Bukett. Krach. Die Türe zu, zugeschlagen. Rrrrrr, der Riegel wird vorgeschoben. Donnerwetter. Die Tür ist zu. So´n Biest. Da stehst du. Die ist wohl verrückt. Ob die mich erkannt hat. Braune Tür, Türfüllung, ich steh auf der Treppe, mein Schlips sitzt. Ist gar nicht zu glauben. Muss noch mal klingeln, oder nicht. (aus: Alfred Döblin: *Berlin Alexanderplatz*)	
2. Jetzt saß er dem Vater am Tisch gegenüber. Er dachte: Andere Kinder sitzen immer so mit ihren Vätern am Tisch. Ich nur heute! Ich muss ihn mir ganz genau ansehen. Er dachte aber auch: Jetzt weiß er wieder nicht, was er mit uns reden soll. Vielleicht wünscht er, wir wären schon wieder weg. (aus: Ursula Wölfel: *Der Vater*)	
3. Die Schornsteine und Masten schaukelten leise in Wind und Dämmerung auf dem trüben Flusse. Sollte er jene Straße hinaufgehen, die dort, an der das Haus lag, das er im Sinne hatte? Nein, morgen. Er war so schläfrig jetzt. (aus: Thomas Mann: *Tonio Kröger*)	

5) Welche außertextliche Informationen sollte/kann ich berücksichtigen?

Folgende Informationen müssen nicht in jeder Analyse behandelt werden. Sie sind nur dann heranzuziehen, wenn sie zur Beantwortung Ihrer Fragen beitragen und zu Ihrem Forschungsthema passen.

a. Biographie des Autors (z.B. Grimmelhausens autobiographische Spuren in *Simplicissimus*)

b. Entstehungsgeschichte des Werkes (z.B. die unterschiedlichen Fassungen von Büchners *„Woyzeck"*; Bezüge zu anderen Texten des Autors oder eines anderen Autors zum gleichen Thema/Motiv, z.B. Quellen von Goethes *„Faust"* und Einfluss anderer Texte auf E.T.A. Hoffmanns Werke)

c. Rezeption des Werkes (z.B. wie wurde Grass´ *„Ein weites Feld"* im Osten und im Westen Deutschlands von Kritikern und Lesern unterschiedlich bewertet und aufgenommen)

d. Literaturgeschichte (z.B. Ingeborg Bachmann als Mitglied der Gruppe 47)

e. Literaturtheorie (z.B. Wolfgang Borcherts Kurzgeschichten als „Trümmerliteratur")

f. Gattungstheorie (z.B. Märchenelemente in Grass' „Butt")

g. Historische bzw. gesellschaftliche Hintergründe und Zusammenhänge (Umweltverschmutzung und Bedrohung durch den Atomkrieg zur Zeit der Entstehung der „Rättin" von Grass)

h. Anderes: z.B. ideengeschichtliche und psychologische Zusammenhänge

☞ Übung 7

Im Folgenden finden Sie Titel einiger literaturwissenschaftlicher Arbeiten. Welche außertextuellen Informationen sollten Sie beim·Verfassen dieser Arbeiten berücksichtigen?

a. Betrachtungen über Variationen des Undine-Motivs in der Literatur

b. Stefan Georges Gedichtzyklus „Algabal" als Beispiel ästhetizistischer und dekadenter Dichtung des literarischen Fin de Siècle

c. Zu Dürrenmatts „Mondfinsternis" und „Der Besuch der alten Dame" – Entstehungshintergründe und eine vergleichende Gegenüberstellung

d. Die Rolle des Lesers in der Lyrik Reiner Kunzes

e. „Klassisch" und „romantisch": die Gegensätzlichkeit der Motive in „Wilhelm Meister" und „Heinrich von Ofterdingen"

f. Das Bild der bürgerlichen Frau im 18. Jahrhundert und ihre Darstellung in der Literatur des Sturm und Drang

g. Elias Canettis autobiographisches Ich im Spiegel seines Romans „Die Blendung"

h. Stefan Zweigs psychologischer Realismus - in Ungeduld des Herzens

Anmerkung:

Bei der literaturwissenschaftlichen Analyse müssen Sie darauf achten, dass Ihre Analyse beim Thema bleibt und dazu dient, Ihre Fragen zu beantworten. Sie müssen überlegen, ob eine Teilanalyse für die Argumentation hilfreich ist. Z.B. sollten Sie fragen, warum Sie diese Figur charakterisieren oder wozu Sie die Erzählsituationen analysieren. Inner- und außertextuelle Elemente, die mit Ihrem Thema nichts zu tun haben, brauchen Sie nicht zu analysieren.

Kapitel 8

Wissenschaftssprache und Redemittel

Lernziele

1. Was muss ich über wissenschaftlichen Schreibstil wissen?
2. Welche sprachlichen Grundlagen muss ich im Hinterkopf behalten?
3. Wie kann ich meine Arbeit sprachlich überarbeiten?

Um wissenschaftlich schreiben zu können, ist es notwendig eine Vorstellung zu bekommen, was „Stil" eigentlich bedeutet und was als „Wissenschaftsstil" bezeichnet wird.

Stil verändert sich im Laufe der Zeit und ist eine Kategorie, die objektiv schwer messbar ist. Um sich dem Begriff „Schreibstil" zu nähern, soll Ihnen die folgende Übung helfen. Der Text stammt aus dem 18. Jahrhundert. Liest ihn ein Leser von heute, so fällt ihm auf, dass er stilistisch auffällig bzw. veraltet klingt. Woran kann man dies erkennen?

☞ **Übung 1**

Unterstreichen Sie bitte die Textstellen, die Ihnen auffallen. Schreiben Sie anschließend an den Rand, was Sie daran verwundert.

Auszug aus Johann Gottfried Herders „Abhandlung über den Ursprung der Sprache" von 1770

Textauszug	Auffälligkeiten
„Es tut mir leid, dass ich so viele Zeit verloren habe, erst bloße Begriffe zu bestimmen und zu ordnen; allein der Verlust war nötig, da dieser ganze Teil der Psychologie in den neuern Zeiten so jämmerlich verwüstet daliegt, da französische Philosophen über einige anscheinende Sonderbarkeiten in der tierischen und menschlichen Natur alles so über- und untereinandergeworfen und deutsche Philosophen die meisten Begriffe dieser Art mehr für ihr System und nach ihrem	*Entschuldigung bei wiss. Text ungewöhnlich; viel Zeit*

Sehepunkt als darnach ordnen, damit sie Ver-
wirrungen im Sehepunkt der gewöhnlichen
Denkart vermeiden. Ich habe auch mit diesem
Aufräumen der Begriffe keinen Umweg genommen, sondern wir sind mit einemmal am Ziele!"

(Quelle: http://gutenberg.spiegel.de/?id=5&xid=1162&kapitel=1#gb_found), Stand: 26.10.09

☞ Übung 2

Der nächste Text ist zwar aktuell, passt aber nicht zu einer wissenschaftlichen Text-
sorte. Woran kann man das erkennen? Diskutieren Sie mit Ihrem Nachbarn, welche
Textstellen Sie auffällig finden. Für welche Zielgruppe wurde der Text wohl geschrie-
ben?

Der Tag der Arbeit

An diesem Freitag (1. Mai) haben die meisten Leute frei. Und das, obwohl dieser
Feiertag ausgerechnet Tag der Arbeit heißt. Er hat eine lange Geschichte: Schon
vor 120 Jahren demonstrierten amerikanische (und wenig später auch deutsche)
Fabrikarbeiter am 1. Mai für eine gerechtere Bezahlung. Denn von dem, was
sie damals verdienten, konnten sie kaum leben. Die Arbeiter schlossen sich
zu Gewerkschaften zusammen. Gewerkschaften sind so ähnlich wie Vereine
oder Parteien: Gemeinsam kämpfen die Mitglieder für ihre Rechte – weil das
zusammen besser geht als allein. Früher war es gefährlich für Arbeiter, zur
Maikundgebung zu gehen. Die Fabrikbesitzer waren dagegen. Wer Pech hatte,
konnte seine Stelle verlieren. Heute muss niemand mehr Angst haben, weil der
Tag sowieso ein Feiertag ist. Wer nicht demonstriert, macht häufig einen Ausflug
mit seiner Familie. Schade ist nur, dass es in manchen Städten – etwa in Berlin –
bei den Maiveranstaltungen immer zu Prügeleien mit der Polizei kommt. Dafür ist
der Tag der Arbeit nun wirklich nicht da.

(Quelle: http://blog.zeit.de/kinderzeit/category/aha-der-woche/page/3,) Stand: 25.10.2009

Sie haben nun verschiedene Schreibstile kennengelernt. Um wissenschaftlich
schreiben zu können, ist es wichtig, dass Sie einige grundlegende Eigenschaften von
„Wissenschaftssprache" kennen. Doch was ist „Wissenschaftssprache" überhaupt?
Wie der Begriff deutlich macht, handelt es sich bei Wissenschaftssprache um ein
Kommunikationsmittel innerhalb der Wissenschaften. Sie soll garantieren, dass alle
Angehörigen einer wissenschaftlichen Disziplin miteinander kommunizieren können.

Mit dem Stil von Wissenschaftssprache hat sich bereits eine Reihe von Wissenschaftlern der unterschiedlichsten Fachdisziplinen beschäftigt. Dieter Narr etwa (2003,

124f.) führt Präzision und Verständlichkeit als Anhaltspunkte für wissenschaftlichen Stil an. Harald Weinrich (1994, 8) nennt als einen Aspekt, den eine Stilistik der Wissenschaftssprache bzw. Wissenschaftsdeutsch enthalten könnte: Anschaulichkeit. In einer Fremdsprache auf den Schreibstil zu achten, ist natürlich besonders schwierig. Im Folgenden sollen Sie ein paar Hinweise zu gutem wissenschaftlichen Schreiben bekommen und durch Übungen vertiefen.

1. Darf man in der Ich-Form schreiben?

Es galt lange Zeit als unangemessen, wissenschaftliche Arbeiten und Ergebnisse aus der eigenen Perspektive, also in der Ich-Form darzustellen. Vielleicht hat Ihnen das auch schon ein Deutschdozent so erzählt? Früher sah man es als wichtig an, dass der Verfasser hinter sein Werk zurücktrat, sich also versteckte. Nur unpersönliche Formulierungen waren erlaubt. Heute gibt es viele Autoren, die dies anders sehen: „Alles Wissenschaftstreiben, alles wissenschaftliche Schreiben hat vom ersten Tag und von der ersten Zeile an mit Ihnen zu tun. Manche Fächer (...) suchen bis in den Schreibstil den ‚subjektiven Faktor‘ zu verleugnen. Er wird unterdrückt. (...) Das ist falsch.“ (Narr 2003, 26)

Zwar sollten Sie nach wie vor zu viele Sätze in Ich-Form vermeiden. Ihr Text soll objektiv und sachlich klingen. Wenn man aber sein Analyseziel formuliert, seinen Standpunkt deutlich machen will oder eine Feststellung trifft, wird der Text in der Ich-Form lebendiger. Es spricht also nichts gegen Formulierungen wie:

„Im Folgenden werde ich ... untersuchen.“
„In dieser Hinsicht kann ich dem Autor nicht zustimmen, da ...“
„In meiner Untersuchung konnte ich beweisen, dass ...“

Bei Tatsachenbehauptungen und Faktenwissen ist die Ich-Form jedoch unangemessen.

Wenn Sie häufig die „Wir-Form“ benutzen, klingen Texte schnell wie Lehr- und Übungsbücher. Sie sollen jedoch kein Lehrwerk verfassen, sondern eine Seminararbeit. Aus diesem Grund ist es ratsam, generell auf die 1. Person Plural zu verzichten. Noch weniger üblich ist die 2. Person Singular beim Verfassen wissenschaftlicher Texte. Der Leser will auf keinen Fall geduzt werden, sonst fühlt er sich wie ein Kind. Vermeiden Sie also Aussagen wie:

„<u>Du kannst</u> im folgenden Abschnitt sehen, dass ...“
„Wie <u>wir</u> im folgenden Textauszug sehen können, ...“
Besser:
  ➢   „Der folgende Abschnitt zeigt, dass ...“
  ➢   „Im folgenden Textauszug kann man sehen, dass ...“

☞ **Übung 3**

Korrigieren Sie bitte – wo notwendig – die Sätze, die Sie stilistisch fragwürdig finden.

a. „Wie wir alle wissen, wurde Bonn Ende der 40er Jahre Hauptstadt von Deutschland."

Verbesserung? _____

b. „In meiner Arbeit will ich mich mit dem Chinabild bei Bertolt Brecht beschäftigen."

Verbesserung? _____

c. „Nun hoffe ich, dass du einen Überblick über die Esskultur in beiden Ländern bekommen hast. "

Verbesserung? _____

d. „Wir wollen nun überlegen, welche Hoffnungen Faust beim ersten Besuch von Margarete hegt."

Verbesserung? _____

e. „Wir können aus dieser Behauptung schließen, dass der Pastor über das Liebesverhältnis Bescheid weiß. "

Verbesserung? _____

2. Muss ich immer Passiv verwenden?

Passivkonstruktionen machen Aussagen objektiver, da das Subjekt des Satzes in den Hintergrund gedrängt wird. Wenn Sie aber zu viele Passivkonstruktionen benutzen, kann dies das Textverständnis erschweren, wie das folgende Beispiel zeigt. Die Passivverwendung ist hier inhaltlich unpassend, da das Finden von Informationen immer an eine aktiv handelnde Person gebunden ist:

„Ausführliche Informationen über die Entwicklung des Studiensystems werden auch im Internet gefunden."

Aktive Formulierungen haben den Vorteil, dass sie das Subjekt, also den Handelnden in den Vordergrund stellen. Dies macht Aussagen eindeutiger, anschaulicher und manchmal auch leichter verständlich. Vergleichen Sie die beiden Sätze und überlegen Sie, welchen Satz Sie besser verstehen:

a) „Vom Bundesministerium für Soziales wurde eine Studie in Auftrag gegeben, bei der untersucht wurde, wie viel Geld vom Durchschnittsdeutschen monatlich für Telefonkosten ausgegeben wird."

b) „Das Bundesministerium für Soziales gab eine Studie in Auftrag, bei der untersucht wurde, wie viel Geld der Durchschnittsdeutsche monatlich für Telefonkosten ausgibt."

☞ Übung 4

Bei welchen Sätzen finden Sie den Aktiv-Gebrauch bzw. den Passiv-Gebrauch unpassend? Wie würden Sie die Sätze umformulieren?

a. „Nachdem von mir mehrmals in der Bibliothek zu meinem Hausarbeitsthema recherchiert wurde, wurde ich mir darüber bewusst, dass das Thema eingegrenzt werden musste."

Verbesserung?

b. „In der vorliegenden Seminararbeit wurde analysiert, wie der Mauerfall literarisch verarbeitet wurde. Hierbei wurde der Schwerpunkt der Analyse auf junge Gegenwartsautoren gelegt."

Verbesserung?

c. „Bevor zum nächsten Kapitel übergegangen wird, soll von mir zusammengefasst werden, inwiefern Studierende durch Auslandsaufenthalte beeinflusst werden."

Verbesserung?

Man sollte nun aber nicht den Schluss ziehen, dass der Passivgebrauch in wissenschaftlichen Arbeiten vermieden werden soll. Ganz im Gegenteil: Wenn uninteressant oder unbekannt ist, wer Handelnder ist, ist der Passivgebrauch unerlässlich. Natürlich ist auch das Pronomen „man" möglich, wenn unbekannt ist, wer handelt.

Beispiel:

In islamisch geprägten Ländern wird freitags nicht gearbeitet.

Im Hinduismus begegnet man dem Asketen mit großem Respekt.

☞ **Übung 5**

Versuchen Sie, den folgenden Auszug aus der Seminararbeit „Analyse des Gedichtes ‚Der Abschied' von Friedrich Hölderlin" so umzuformulieren, dass er hinsichtlich Passiv- und Aktivgebrauch abwechslungsreich und gut verständlich ist.

Originaltext	Verbesserung
Am Anfang meiner Arbeit soll dargelegt werden, wie vorgegangen wird, damit sich Hölderlins Gedicht „Der Abschied" genähert wird.	Am Anfang meiner Arbeit will ich darlegen, ...
Als Textgrundlage dient die historischkritische Ausgabe der Werke Hölderlins von Dietrich E. Sattler („Frankfurter Ausgabe"). Es soll auf drei Fassungen des Gedichtes eingegangen werden, die bei Sattler unter den Bezeichnungen IIIA, IVB und V aufgeführt sind und die im Folgenden erste, zweite und dritte Fassung genannt werden.	
Gerade bei der Thematik dieses Gedichtes bietet es sich an, Hölderlins Leben in die Interpretation einzubeziehen. Dennoch soll versucht werden, das Gedicht nicht nur als lyrischen Ausdruck und Bewältigungsversuch der Trennung von seiner Geliebten Susette Gontard zu sehen, sondern es hauptsächlich unter dem Gesichtspunkt der dichterischen Auseinandersetzung mit der Thematik des Abschieds betrachtet werden.	
Mein Anliegen besteht darin, dass sich dem Gedicht möglichst unvoreingenommen und „neutral" genähert wird. Es soll sehr textnah vorgegangen werden und sämtliche mögliche Lesarten vorgestellt werden. Doch es wird an einzelnen Stellen nicht völlig zu verhindern sein, dass biographische Elemente aus dem Leben des Dichters einfließen und die Entscheidung für oder gegen eine Lesart	

beeinflussen. Schließlich bleibt die Trennung von Hölderlins Geliebter bei der Analyse dieses Gedichtes immer im Hinterkopf.

Zur Entstehung des Textes lässt sich sagen, dass die neunstrophige Endfassung des Gedichtes „Der Abschied" ursprünglich aus dem einstrophigen Gedicht „Die Liebenden" über mehrere Textstufen hinweg erwuchs. Während „Die Liebenden" im Juni 1798 entstand, folgten schließlich die erste neunstrophige Erweiterung im Sommer 1800 und die letzte Fassung von „Der Abschied" vermutlich im Winter 1803/04.

Im Folgenden sehen Sie den Beginn einer Hausarbeit, die man hinsichtlich des Stils sicher nicht als „schlecht" bezeichnen würde. Sie ist jedoch sehr unpersönlich formuliert. Dies erkennen Sie zum Beispiel daran, dass der Autor innerhalb des Textes nicht vorkommt. Es findet sich keine „ich-Form" in der Arbeit. Außerdem benutzt der Schreiber sehr viele Passivkonstruktionen und unpersönliche Konstruktionen, wie „es erfolgt …".

☞ Übung 6

Lesen Sie bitte die folgende Einleitung einer Hausarbeit und diskutieren Sie mit Ihrem Nachbarn über den Sprachstil. Unterstreichen Sie bitte Textstellen, die Sie ändern würden und begründen Sie Ihre Änderungen in der anschließenden Plenumsdiskussion.

Diese Hausarbeit beschäftigt sich mit der Prämodifikation von Nominalphrasen durch Adjektive. Dabei soll untersucht werden, ob und welche Gemeinsamkeiten/ Unterschiede in englischen Nominalphrasen und ihrer deutschen Übersetzung vorliegen. Mit Hilfe ausgewählter politischer Texte erfolgt eine kontrastive Analyse des englischen Ausgangstextes mit der deutschen Übersetzung. Es werden einige Nominalphrasen ausgewählt, die jeweils hinsichtlich ihrer Prämodifikation untersucht werden. Hierbei werden auch stilistische, semantische und syntaktische Besonderheiten betrachtet.

Um den Rahmen einer Hausarbeit nicht zu sprengen, wird auf andere Möglichkeiten der Prämodifikation nicht eingegangen. Zur Erleichterung des Ver ständnisses für den Leser, werden die Ergebnisse sowohl tabellarisch als auch kontextuell dargestellt. Zunächst sollen einige wichtige Begrifflichkeiten, die im Verlauf der Arbeit eine Rolle spielen, erläutert werden. Anschließend erfolgt die Betrachtung der drei einzelnen Texte, wobei jeweils die deutsche und die englische Version kontrastiv gegenübergestellt werden. Die Problematik wird mit Beispielen belegt. Es schließt sich eine Zusammenfassung der gewonnenen Erkenntnisse für die Gesamtheit der Texte an.

(Quelle: http://www.hausarbeiten.de/faecher/vorschau/78741.html, Stand: 26.10.2009)

3. Substantive oder Verben?

Im Deutschen gibt es die Möglichkeit, Nominalphrasen (Bsp.: Beim Schließen des Fensters müssen Sie beachten ...) in Verbgefüge (Bsp.: Wenn Sie das Fenster schließen, müssen Sie beachten ...) umzuwandeln. Im folgenden Beispiel ist die inhaltliche Aussage gleich:

„Nach der Untersuchung der Adjektivverwendung im vorliegenden Text gehe ich nun zum Gebrauch der Partizipien über."	*„Nachdem ich die Adjektivverwendung im vorliegenden Text untersucht habe, gehe ich nun zum Gebrauch der Partizipien über."*

Nominale Satzkonstruktionen haben den Vorteil, dass sie meist kürzer sind als Nebensätze. Diese Verdichtung führt jedoch dazu, dass die Sätze oft sehr schwer zu verstehen sind. Entscheiden Sie bei den folgenden Beispielen, welchen Satz Sie besser verstehen können:

„Bereits vor der Veröffentlichung der Tagebücher des Schriftstellers ist klar, dass er unter Verfolgungswahn litt."	*„Bereits bevor die Tagebücher des Schriftstellers veröffentlicht wurden, ist klar, dass er unter Verfolgswahn litt."*

Nominalphrasen sind oftmals exakter. Diese Präzision ist zum Beispiel bei juristischen Texten notwendig, in Ihrer Arbeit aber weniger wichtig. Je einfacher Sie Sätze formulieren, desto weniger Fehler machen Sie. Nominalphrasen machen Sätze schwer verständlich und sind überdies eine häufige Fehlerquelle. Nutzen Sie Nominalsätze nur dann, wenn der Satz gut verständlich ist und wenn Sie sich sicher sind, dass er korrekt ist.

☞ Übung 7

In der folgenden Übung sind einige Sätze aus einer Bedienungsanleitung für Kaffeemaschinen zitiert. Überlegen Sie sich, wie Sie die Sätze vereinfachen könnten.

Beispiel:

Bei Verwendung einer Verlängerungsschnur muss diese einen Stecker mit Erdung aufweisen und sie muss so verlegt werden, dass niemand darüber stolpern kann.

Wenn man eine Verlängerungsschnur verwendet, muss diese einen Stecker ...

oder:

Bei Verwendung einer Verlängerungsschnur muss diese einen Stecker aufweisen, der geerdet ist. Außerdem muss sie so verlegt werden ...

a) Zur besseren Wärmeisolierung sollte die Isolierkanne vor der Benutzung mit heißem Wasser ausgespült werden.

Verbesserung: _____

b) Zur Zubereitung und zum Warmhalten des Kaffees muss der Deckel der Isolierkanne nach rechts zugeschraubt werden bis zur Einrastung.

Verbesserung: _____

c) Zum Servieren des Kaffees erfolgt eine Drehung des Deckels um eine Viertel Umdrehung.

Verbesserung: _____

4. Hauptsatz- oder Nebensatzstrukturen?

Ob Hauptsatzstrukturen besser als Nebensatzstrukturen sind, kann nicht pauschal beantwortet werden. Ein Text, der nur aus Hauptsätzen besteht, wird schnell langweilig. Häufen sich die Nebensätze jedoch und sind sie gar ineinander verschachtelt, so ergibt sich wiederum das Problem, dass die Sätze nur mit Mühe zu verstehen sind. Auch hier bietet sich also die „goldene Mitte" an. Der Satzbau sollte abwechslungsreich sein, die Sätze nicht zu lang. Dadurch können Sie auch sprachliche Fehler vermeiden.

☞ **Übung 8**

a) Versuchen Sie die folgenden Sätze in einige einfache Sätze umzuschreiben.

Diese anderen nennt Kant also die Vormünder: jene, die zwar anfangs „die Oberaufsicht" über die Unmündigen „gütigst auf sich genommen haben", die jedoch auch auf den Geschmack der Macht gekommen sind, welche ihnen daraus erwächst, und die nun auf diese Macht nicht mehr verzichten wollen.

_____

_____

_____

b) Versuchen Sie nun, einen komplexen, sehr langen und kompliziert verschachtelten Satz zu formulieren.

_____

_____

_____

c) Vereinfachen Sie Ihren Satz im Folgenden selbst und zerlegen Sie ihn in mehrere Sätze.

_____

_____

_____

☞ Übung 9

Gehen Sie auf die Suche nach sehr langen und unverständlichen Sätzen, am besten aus der Sekundärliteratur zu Ihrer wissenschaftlichen Arbeit. Sie können aber auch deutsche Tageszeitungen im Internet nach langen Sätzen durchsuchen.

Bringen Sie in der nächsten Unterrichtsstunde mindestens zwei gefundene Sätze mit und diskutieren Sie mit Ihrem Nachbarn, warum diese so schwer zu verstehen sind. Wie könnte man sie einfacher formulieren? Präsentieren Sie Ihren Satz und die Neuformulierung des Satzes im Plenum.

5. Textvarianz

Nichts ist langweiliger, als ein Text mit vielen Wortwiederholungen. Um sprachliche Abwechslung zu erreichen, kann ein Blick in „Duden Band 8: Das Synonymwörterbuch" [1] helfen.

---

[1] Früher unter dem Titel „Sinn und sachverwandte Wörter" erhältlich.

☞ Übung 10

Was würden Sie anders formulieren? Schreiben Sie die folgende Erklärung der Epochenbezeichnung „Klassik" noch einmal neu.

Originaltext	Umformulierung
Allgemein ist der Begriff „Klassik" eine Bezeichnung für kulturelle Höhepunkte. Der Begriff „Klassik" wurde im Allgemeinen von dem lateinischen Begriff „classicus" abgeleitet. Der Begriff „classicus" bezeichnete einen römischen Bürger aus der höchsten Steuerklasse, später galt die Bezeichnung „scriptor classicus" überdies einem Schriftsteller ersten Ranges.	
Als deutsche Hochklassik bezeichnet man heute den literaturgeschichtlichen Zeitraum zwischen 1786 – die Anfangszeit von Johann Wolfgang von Goethes erster Italienreise - und 1805, dem Todesjahr Friedrich Schillers. Dieser Zeitraum ist auch heute noch umstritten, weil das Todesjahr Goethes auch (1832) oft als Ende der deutschen Hochklassik bezeichnet wird.	
Diese Zeit wird überdies oft auch als „Weimarer Klassik" bezeichnet, weil die Hauptprägungen der deutschen Hochklassik von Weimar ausgehen und weil sich dort überdies der von Herzogin Anna gegründete Musenhof befindet. Vorstand des Musenhofes war Goethe, weil er der berühmteste Vertreter der Epoche war.	

6. Klarheit im Ausdruck

Beim Verfassen Ihrer Arbeit dürfen Sie Ihr Ziel nie aus den Augen verlieren. Damit Ihnen dies gelingt, ist es von Anfang an notwendig, ein klares Ziel zu formulieren. Der Leser Ihrer Arbeit möchte wissen, was Sie beabsichtigen und auf welche Theorie Sie sich gegebenenfalls stützen. Sie müssen als Autor Ihrer Arbeit kenntlich sein und selbstbewusst (aber nicht überheblich) auftreten. Der Topos der Bescheidenheit, der in China verbreitet ist, ist in Deutschland unüblich. Aus diesem Grund verbieten sich in deutschen Seminararbeiten einleitende Formulierungen wie die folgende:

„Hoffentlich wird diese Arbeit eine gute Hilfe für die deutschen Studenten in China sein."

Besser ist es, wenn Sie in Ihrer Einleitung Ihre Absicht darstellen, anstatt eine Hoffnung auszudrücken, etwa mit folgender Formulierung:

> „Ziel meiner Arbeit ist es, deutschen Studenten in China als Hilfsmittel zu dienen."

☞ Übung 11

Versuchen Sie im Folgenden, Schwachstellen des Textes aufzudecken. Wo gelingt es der Autorin/dem Autor nicht, einen klaren Standpunkt zu beziehen und als selbstbewusster Verfasser aufzutreten?

Einleitung zu einer Hausarbeit mit dem Titel: „Über den Umgang mit Konflikten in den Kinder- und Jugendbüchern Kerstin Meyers"

Ich habe mir hiermit eine gesellschaftliche Fragestellung, nämlich den Umgang mit Konflikten in ihrer literarischen Ver- und Bearbeitung in der Kinder- und Jugendliteratur Kerstin Meyers, zur Herausforderung genommen. Die Gründe für meine Entscheidung sind vielfältig und mir rational sicher nicht mal vollkommen bewusst. Hier habe ich mich nach vielem Überlegen, Lesen, Gesprächen für konkret eine Autorin, Kerstin Meyer, entschieden. Warum? Hier liegt die Antwort mehr im Nichtbewussten - ich mag sie einfach.

Ich bin gespannt, wohin mein Weg mich führen wird. Leider kenne ich mich mit Kinder- und Jugendliteratur nicht besonders gut aus. Geplant habe ich aber eine kurze Darstellung der Person Kerstin Meyer, eine Auseinandersetzung mit dem Begriff „Konflikt" in der Absicht, mich einem Erklärungsmodell weitgehend anschließen zu können und dann im folgenden, umfangreichsten Teil der Arbeit detailliert an Textbeispielen die literarische Umsetzung der Konfliktproblematik bei Kerstin Meyer darzustellen. Über die reine Darstellung hinweg soll dabei auch eine Auseinandersetzung mit Frau Meyers Konfliktschilderungen geführt und versucht werden, die literarische Funktion des Themas „Konflikt" bei der Autorin aufzuspüren.

Da ich noch nicht sicher weiß, welche konkreten Meyer-Werke ich ausführlicher behandeln werde, begnüge ich mich an dieser Stelle auf den Hinweis einer Bücherauswahl nach reinem Leseinteresse.

Ein „technischer" Hinweis noch zum Schluss: Um die Zitate korrekt wiederzugeben, habe ich mich für die Übernahme der alten Rechtschreibung, falls im Original benutzt, entschieden. Ich hoffe, der Leser hat Verständnis für die Darstellung meiner unzureichenden Kenntnisse.

So, der Berg kann erklommen werden!

(Nach: http://www.hausarbeiten.de/faecher/hausarbeit/lit/11841.html, Stand: 1.10.2009)

7. Wichtige sprachliche Mittel zum Verfassen wissenschaftlicher Arbeiten

Wenn Sie auf oben genannte stilistische Aspekte achten, haben Sie bereits viel erreicht. Hilfreich kann überdies sein, wenn Sie einige sprachliche Mittel beherrschen und als Formulierungshilfe nutzen. Im Folgenden finden Sie eine Sammlung von wichtigen sprachlichen Mittel zum Verfassen wissenschaftlicher Arbeiten.

<u>Wenn Sie den Forschungsstand erläutern oder zitieren möchten:</u>

- Bei XY[2] wird ... folgendermaßen dargestellt: ...
- XY behandelt/analysiert/untersucht/erläutert in seinem Werk ...
- XY weist in seinem Buch mit dem Titel ... auf ... hin.
- Bei XY steht ... im Zentrum des Interesses.
- XY setzt sich zum Ziel, ...
- XY kommt es in seiner Untersuchung auf (A) ... an.
- XY versteht unter ..., dass ...
- ...

Beispiele:

Die Vergänglichkeit der Natur wird bei Fleischer (1989, 6) folgendermaßen dargestellt: „Der Baum wächst und erkennt den Bauern nicht, der die Axt im Stall bereitliegen hat."

Bei Schlobinski (2002) steht die Differenz von „echter" Jugendsprache und medialer Inszenierung im Zentrum des Interesses.

Schlobinski (2002) setzt sich zum Ziel, „echte" Jugendsprache zu analysieren und diese von der medialen Inszenierung abzugrenzen.

<u>Wenn Sie Fachliteratur bewerten oder an Fachliteratur anknüpfen möchten:</u>

- Ich schließe mich dieser Auffassung an und werde ...
- Die Untersuchung knüpft an (A) ... an
- Bei der Beschreibung von ... kann ich auf das bekannte Modell der wissenschaftlichen Erklärung von ... zurückgreifen.
- Auch die nahe liegende Frage nach ... ist in einigen Forschungsarbeiten untersucht worden, mit dem Ergebnis, dass ...

Beispiele:

Die Untersuchung knüpft an eine Untersuchung von Müller-Talheimer aus dem Jahr 2003 an, in der ....

Bei der Beschreibung von Argumentationsstrukturen kann ich auf das bekannte Argumentationsmodell von Stephen Toulmin (1958) zurückgreifen.

---

[2] Für „XY" setzen Sie den Namen des Autors ein, den Sie erwähnen bzw. zitieren.

Wenn Sie Probleme und Fragen ansprechen möchten:

- Es ist zunächst zu fragen, ...
- Zu fragen ist nun nach ...
- Nachdem ... behandelt wurde, stellt sich die Frage, ...
- Problematisch ist hierbei ...
- Bevor ich auf ... eingehe, muss folgende Frage erörtert werden:

Beispiele:

Im folgenden Kapitel möchte ich mein Untersuchungskorpus vorstellen. Es ist zunächst zu fragen, nach welchen Kriterien die Interviewpartner ausgewählt wurden.

Nachdem der Inhalt der Erzählung kurz geschildert wurde, stellt sich die Frage, weshalb der Autor die Veröffentlichung schließlich verhindern wollte.

Bevor ich auf die Intention des Autors eingehe, muss folgende Frage erörtert werden: Wie konnte dieser Artikel an den Zensurbehörden vorbei veröffentlicht werden?

Wenn Sie einen Begriff definieren möchten:

- Unter dem Begriff „...." kann ... (N) bestimmt werden.
- Unter ... versteht XY ...
- XY betrachtet ... (A) als „...." (A)

Beispiele:

Unter dem Begriff „Medium" verstand man ursprünglich einen „Mittler" (vgl. Fischer 2006, 66)

Unter „Peer-Group" versteht man in der Soziologie eine soziale Gruppe von gleichaltrigen Jugendlichen, in der das Individuum soziale Orientierung sucht und die ihm als Bezugsgruppe dient. (vgl. Baumgartner 2006, 76)

Wenn Sie Ihr Vorgehen erläutern möchten:

- ... wird in zwei Schritten erfolgen. Im ersten Schritt soll versucht werden ... Der zweite Schritt besteht darin, dass ...
- Zunächst will ich ... (A) in einer Übersicht zusammenfassen.
- Die Arbeit gliedert sich in X Kapitel. Zuerst will ich kurz darlegen, ...
- Vor dem Hintergrund der ... gehe ich in Kapitel X auf ... ein und behandle in Kapitel X ...
- Kapitel X ist ... (D) gewidmet.

- ... werden abschließend in einer systematischen Übersicht zusammengefasst.
- Ich gehe zuerst auf... (A) ein.
- Ich komme vorerst zu ... (D)

Beispiele:

Die Analyse der Gesprächsstruktur wird in zwei Schritten erfolgen. Im ersten Schritt soll versucht werden, den Konflikt inhaltlich zu analysieren. Der zweite Schritt besteht darin, den Sprecherwechsel zu untersuchen.

Zunächst will ich die Ergebnisse meiner Interviews stichpunktartig in einer Übersicht zusammenfassen.

Kapitel 4 ist dem Vergleich der zwei chinesischen Übersetzungen mit dem deutschen Originaltext gewidmet.

Wenn Sie Beispiele nennen möchten:

- Zur Verdeutlichung soll noch ein weiteres Textbeispiel herangezogen werden; es handelt sich hierbei um ...
- Hierzu sollen die beiden folgenden Textbeispiele betrachtet werden: ...
- Das Schema soll an einem Beispiel XY (G) verdeutlicht werden.
- Das Prinzip soll nun an einigen Beispielen erläutert werden, in denen es um ... (A) geht.

Beispiele:

Der Argumentationsaufbau soll an einem leicht veränderten Beispiel des Gesprächs zwischen Malte und ihrem Vater verdeutlicht werden.

Der Aufbau soll nun an einigen Beispielen erläutert werden, in denen es um die Finanzierung der Hochschulbildung geht.

Wenn Sie Eingrenzungen vornehmen oder Schwerpunkte setzen möchten:

- Auf... (A) kann im Rahmen dieser Arbeit nicht eingegangen werden, da ...
- Allerdings muss eingeräumt werden, dass ...
- Ich kann ... (A) hier nicht weiter verfolgen, da ...
- Ich konzentriere mich im Folgenden auf ... (A)
- Ich gehe zuerst auf ... (A) ein.
- Vorerst komme ich zu ... (D)

> *Beispiele:*
>
> *Auf die verschiedenen Ausdeutungen des Vogels „Guricht" in den Theateraufführungen außerhalb Deutschlands kann im Rahmen dieser Arbeit nicht eingegangen werden, da ein umfassender Überblick über die internationalen Spielorte von „Die Verspätung" bislang fehlt.*
>
> *Vorerst komme ich zur Interpretation des „Guricht" in den Aussagen von Hildesheimer selbst.*
>
> *Im Folgenden konzentriere ich mich auf die letzte Fassung des Gedichtes aus dem Jahr 1877.*

Wenn Sie auf Textstellen vor- oder rückverweisen möchten:

- … ist Gegenstand der nächsten Abschnitte.
- … , auf das ich in Kapitel … noch zu sprechen kommen werde.
- Ich werde auf (A) … in Kapitel … noch zurückkommen.
- Dieses Merkmal wurde bereits in Abschnitt … im Einzelnen erläutert.
- Wie bereits in Kapitel … erläutert, …
- Wie bereits in Kapitel … dargestellt, …

> *Beispiele:*
>
> *Die Darstellung des Vogels in den Theaterfassungen kurz nach Erscheinen des Stückes ist Gegenstand der nächsten Abschnitte.*
>
> *Hier erkennt man bereits einen Hinweis auf das Motiv des Wartens, auf das ich in Kapitel 5 noch ausführlich zu sprechen kommen werde.*
>
> *Wie bereits in Kapitel 4 erwähnt, nutzt Ibsen die Figur des Hausmädchens hauptsächlich dafür, die Handlung aus Sicht der Angestellten zu kommentieren.*

Wenn Sie Besonderheiten hervorheben möchten:

- … ist … vor allem für … charakteristisch.
- Wichtige sprachliche Merkmale sind …
- Es ist deutlich geworden, dass …
- … zeichnet sich u.a. durch folgende Merkmale aus: …
- Es ist zu beachten, dass …

> *Beispiele:*
>
> *Die Unentschlossenheit ist vor allem für die Hauptfigur charakteristisch.*
>
> *Wichtige sprachliche Merkmale sind die veränderte Orthographie und die komplexe Syntax .*
>
> *Es ist deutlich geworden, dass Jugendsprache keinesfalls anhand von Wortlisten fixiert werden kann.*

Wenn Sie Ergebnisse und Schlussfolgerungen präsentieren möchten:

- In Hinblick auf (A) ... dominieren ... sowie ...
- Es ist/wurde deutlich, dass ...
- Diese Zusammenhänge werden schematisch folgendermaßen dargestellt: ...
- Wenn man (A) ... betrachtet, kommt man zu folgenden Ergebnissen: ...
- So ergibt sich als Fazit: ...
- Daher erscheint es dringend notwendig, dass ...

> Beispiele:
>
> In Hinblick auf die Syntax dominieren kausale sowie konsekutive Nebensatzstrukturen.
>
> Wenn man das Gespräch zwischen Marja und ihrem Mann zu Beginn des 2. Akts betrachtet, kommt man zu folgendem Ergebnis: Es handelt sich um eine reine Zweckehe.

Wenn Sie etwas abschließen oder zusammenfassen möchten:

- Abschließend soll die in diesem Abschnitt die eingangs gestellte Frage nach (D) ... noch einmal aufgegriffen werden.
- Abschließend soll noch ein Blick auf (A)... geworfen werden.
- Zum Schluss will ich ... noch einmal systematisch zusammenstellen.

> *Beispiele:*
>
> *Abschließend soll in diesem Abschnitt die eingangs gestellte Frage nach Kriterien für gutes Übersetzen noch einmal aufgegriffen werden: Woran kann man die „bessere" Qualität der Übersetzung aus dem Jahr 1987 festmachen?*
>
> *Abschließend soll noch ein Blick auf die Verkaufszahlen der beiden Übersetzungen geworfen werden, die in den Jahren 1999-2009 beide auf dem Buchmarkt erhältlich waren.*

Kapitel 9

Verfassen einer Zusammenfassung

Lernziel

1. Warum ist eine gute Zusammenfassung so wichtig?
2. Was soll in der Zusammenfassung stehen?
3. Welche sprachlichen Mittel können mir beim Schreiben meiner Zusammenfassung helfen?

Der letzte Teil Ihrer wissenschaftlichen Arbeit dient dazu, Ergebnisse Ihrer gesamten Forschung zu präsentieren und zusammenzufassen. Hier werden die wichtigen Fragen noch einmal aufgeworfen und die Fragestellungen / Hypothesen in Kürze auf den Punkt gebracht.

Oft benötigt man im Hauptteil, und zwar am Ende jeden Kapitels schon eine Zusammenfassung, die beschreibt, was in diesem Kapitel abgehandelt wurde, worin das Neue oder zum Thema Beitragende bestand. Die Zusammenfassung hilft den LeserInnen (a) bei der Kontrolle des Leseverständnisses, (b) beim Überbrücken von Passagen, die sie nicht interessieren, (c) bei der Gewichtung der aufgenommenen Information und (d) bei der Entscheidung, ob ein Kapitel für sie lesenswert ist oder nicht.

Der Schluss Ihrer Arbeit ist also besonders wichtig, weil Sie hier Ihre Ergebnisse präsentieren und den Sinn Ihrer Arbeit rechtfertigen. Wie der Schlussteil Ihrer Arbeit genau aufgebaut sein soll, lernen Sie in diesem Kapitel.

☞ **Übung 1**

a) *Im Folgenden sehen Sie zuerst die Einleitung zu einer Hausarbeit mit dem Titel „Deutsch-Deutsche Entfremdung und Probleme der Inneren Vereinigung". Lesen Sie die Einleitung und schreiben Sie die Fragen auf, die der Autor durch seinen Text beantworten möchte.*

Aus der Einleitung

Diese Arbeit möchte sich die Exploration der „deutschen Befindlichkeiten" zur Aufgabe machen. Im ersten Teil wird ein historischer Überblick der Wiedervereinigung gegeben um sich im zweiten Teil besser mit den intellektuellen und emotionalen Eigenarten der West- und Ostbürger auseinandersetzen zu können. Im dritten Teil schließlich wird berichtet, wie der ostdeutsche Schriftsteller Günter de Bruyn sich mit der Einheit befasst und wie er die Überwindung der Ost-West Konflikte für möglich hält.

Fragen:

Wie sieht es mit den „deutschen Befindlichkeiten" aus? (= Wie geht es Deutschland und seinen Einwohnern heute, einige Jahre nach der Wiedervereinigung?)

_____

_____

...

b) *Unterstreichen Sie nun die Passagen des Schlussteils, in denen der Autor Antwort auf die gestellten Fragen gibt.*

Aus dem Schlussteil

(...) Zehn Jahre nach dem Zusammenwachsen beider Staaten sind die politischen, sozialen und kulturellen Orientierungen von West- und Ostdeutschen mehr als „landschaftliche Besonderheiten", wie sie stets auch innerhalb der alten Bundesrepublik aufzufinden waren. Die Integration ist vor allem im Prozess der inneren Einheit misslungen. Weil der Schlüssel zum Verständnis der Nation ihr innerer Zustand ist, ist das vereinigte Deutschland von der inneren Einheit als emotionaler Identifikation in West- und Ost noch weit entfernt. Man darf nicht vergessen, dass die westdeutsche Bevölkerung nach dem Sturz der Nazidiktatur auch etwa zwanzig Jahre benötigt hat, um mit der Demokratie vertraut zu werden. In dieser Hinsicht können die Schwierigkeiten, die die Ostdeutschen bei der Transformation empfinden, angesichts der langen Sozialisation in einem totalitären System, nicht als selbstverständlich betrachtet werden. Wenn der Prozess der inneren Integration gelingen soll, setzt dies vor allem ein Umdenken der Westdeutschen voraus: „sie müssen sich endlich mit dem Begriff der Nation aussöhnen. (...) Wir Deutschen müssen also unser Verhältnis zur Nation in Ordnung bringen. Dazu gehört vor allem, nationale Interessen zu definieren und sie nach außen zu vertreten."32 Trotz aller Hindernisse, ist Deutschland nach zwei Diktaturen wieder in die Normalität eingekehrt. Jetzt geht es darum, die innere Integration zu erreichen, nicht nur die Integration von ehemaligen DDR-Bürgern im vereinten Deutschland, sondern auch die Integration Deutschlands

Bürgern im vereinten Deutschland, sondern auch die Integration Deutschlands in Europa, durch die Gründung eines europäischen Deutschlands, seines Verantwortungsgefühls bewusst, und tolerant nach innen und nach außen hin. Nach allem kann man das Verhalten zwischen Ost und West als eine Familie beschreiben: „Ist man getrennt, ist die Liebe innig und unproblematisch, sieht man sich wieder nach Jahren, ist die Freude groß und emphatisch, doch mit dem Zusammenleben beginnen die Schwierigkeiten; denn Einheit ist noch nicht Einigkeit." [33]

(Quelle: http://www.hausarbeiten.de/faecher/vorschau/104994.html, Stand: 26.10.2009)

1. Aufbau des Schlussteils

Alle Fragen, die in der Einleitung gestellt werden, müssen im Schlussteil beantwortet werden. Der Schlussteil kann enthalten: (a) Zusammenfassung, (b) Interpretation der Ergebnisse, (c) Bewertung der Ergebnisse, (d) abschließende Meinung oder Schlusswort des Autors (Epilog), (e) Ausblick und zukünftige Forschung.

Bestandteil	Schlussteil einer Arbeit
Zusammenfassung Interpretation der Ergebnisse Bewertung der Ergebnisse	Die soeben geschilderten technischen Rahmenbedingungen und die damit verbundenen Probleme raten m. E. jedoch nicht davon ab, eine kontrastive Analyse vorzunehmen, sondern veranlassen mich eher dazu, über kulturell und sprachlich geprägte, vielfältige Erscheinungsformen einer Kommunikationsform nachzudenken. Aus den bisherigen Überlegungen ist festzustellen, dass sich die deutsche und die chinesische Variante der Kommunikationsform SMS in dem Grad der Aufnahme von Anglizismen unterscheidet.
abschließende Meinung / Schlusswort Ausblick / zukünftige Forschung	Zu fragen bleibt, ob Anglizismen/Amerikanismen im Zeitalter der Globalisierung auch die Jugendsprache überwuchern, und um darauf zu antworten, ist es angebracht, ausreichend viel Material der Sprachvarietät „Jugendsprache" in ihren möglichst vielen Formen und in möglichst vielen Sprachen zu vergleichen. Dieser Frage möchte ich bei nächster Gelegenheit nachgehen.

Im Folgenden sehen Sie weitere Beispiele für Zusammenfassungen.

Beispiel A: „Aspekte und Effekte der Ironie in der Alltagskommunikation"

Ziel dieser Ausführung war aufzuzeigen, durch welche Grundlagen sich die Ironie auszeichnet und wie diese den Gesprächsverlauf beeinflussen. Auf eine griffige Formulierung, was unter Ironie zu verstehen ist, wurde verzichtet, da es dem Ironie-Phänomen immanent zu sein scheint, dass es sich gerade nicht in eine Kategorie einordnen lässt. Vielleicht hat dies damit zu tun, dass die Ironie, wie auch unter dem Aspekt der Ästhetik erwähnt, einen Bedeutungsraum eröffnet, der sich eben nicht mit einigen Schlagwörtern eingrenzen lässt. Deshalb scheint mir ein interdisziplinärer Ansatz eine Notwendigkeit zu sein, um sich an den Facetten-Reichtum der Ironie heranzutasten. In einem größeren Rahmen ist die Ironie nicht nur von Situation, Wissensbeständen und sprachlichen Grundlagen abhängig, sondern kann als ein kulturelles Phänomen betrachtet werden. Man könnte sagen, dass sich in der Ironie gewisse Aspekte unserer Kultur wiederspiegeln. In gewissen Ländern ist die Ironie beinahe traditionell institutioniert, in anderen spielt sie sich eher hinter den Kulissen ab. Die Ironie ist eine schillernde Figur, die sich nie ganz festmachen lässt. Insofern war die Bezeichnung in der Antike, dass sie „schlüpfrig wie Öl" sei, gar nicht so unpassend.

(Quelle: http://www.hausarbeiten.de/faecher/vorschau/101530.html, Stand: 25.10.2009)

Beispiel B: „Die Art und der Einfluss von Comicsprache auf die Alltagssprache des Deutschen"

Abschließend möchte ich zusammenfassen, dass die Comicsprache durchaus Einfluss auf die Alltagssprache ausübt. Am Beispiel der lautmalerischen Wörter kann dies besonders gut erkannt werden. Auch wenn dieser Einfluss in den Einträgen der Wörterbücher noch weitgehend unbeachtet geblieben ist, so werden sich doch mit fortschreitender Beeinflussung auf die Gebrauchssprache die Nennungen mehren. So werden dann im Duden auch Comicwörter als Fach- und Sondersprache gelten, die besonders markiert sein werden.

(Quelle: http://www.hausarbeiten.de/faecher/vorschau/103756.html, Stand: 25.10.2009)

Beispiel C: „Lola rennt im Unterricht"

Nach eingehender Beschäftigung mit „Lola rennt" stellt sich heraus, dass dieser Film mehrfach konnotiert ist. Er ermöglicht sowohl eine Herangehensweise auf der trivialen Ebene als auch eine auf der intellektuellen Ebene. „Lola rennt" ist gute Unterhaltung, zeitloser philosophischer Diskurs, Abbild der zeitgenössischen Realität. Klassische filmische Elemente und moderne Videoclipästhetik kommen parallel vor. Literaturwissenschaftliche Kerndiskurse und Technomusik treten gemeinsam und logisch verknüpft auf. Er ist demzufolge auch für alle Jahrgangsstufen und Schularten geeignet. Ganz im Sinne einer autokonstruktivistischen Medienwirklichkeit möchte man dem Deutschunterricht mit einem schwedischen Möbelhaus zurufen: „Entdecke die Möglichkeiten!"

(Quelle: http://www.hausarbeiten.de/faecher/vorschau/106817.html, Stand: 26.10.2009)

Beispiel D: „Heiner Müller und das Motiv des Scheiterns am Beispiel der Hamlet-maschine"

Die deutschsprachige Uraufführung der „Hamletmaschine" fand nicht in der DDR statt, sondern im Westen Deutschlands: in Essen. Dies kann nicht verwundern, stellt doch „Die Hamletmaschine" grundsätzliche Fragen, die in der DDR nicht erwünscht waren: Fragen nach dem Sinn einer zum Scheitern verurteilten oder schon gescheiterten Revolution, ästhetische Fragen, Fragen nach der Rolle des Intellektuellen im Sozialismus. „Die Hamletmaschine" zeigt keinerlei Perspektive auf. Die Akteure scheitern (Hamlet) bzw. sind handlungsunfähig (Ophelia) und stehen sich unversöhnlich gegenüber. Am Ende steht der Stillstand, die Erstarrung, aus der es keinen Ausweg zu geben scheint. Shakespeares Hamlet wird von Müller zerrissen und seinem Text scheinbar planlos einverleibt. Der Text wendet sich somit auch gegen die Kontinuität, gegen die Kontinuität der Geschichte.

Die Reaktion der offiziellen DDR-Theaterkritik konnte demzufolge nur negativ ausfallen. So schrieb Hans Koch im ND 1978: „Besitzt die Idee einer - historischen, politischen, weltanschaulichen, persönlich-biographischen, künstlerischen oder wie immer gearteten ‚Zurücknahme' dessen, was da vage als unsere Welt gedeutet ist, auch nur die Spur eines Anspruchs, wahr und allgemein bedeutend zu sein?". „Die Hamletmaschine" verweist aber nicht nur auf das Scheitern einer Idee, sondern vor allem auf das Scheitern der Intellektuellen angesichts des Zustandes des real existierenden Sozialismus in Europa. Plassmann spricht hierbei von einem Teufelskreis, in welchem sich der Intellektuelle bewegt. Er kann wählen zwischen dem Denken und dem Nicht-Denken. Aus dem Denken, dem Durchdenken der Sache folge unweigerlich die Idee, die Utopie und der Eintritt für deren Umsetzung und schließlich der Terror (Stalin). Aus dem Nicht-Denken folge das Funktionieren, die Unterwerfung unter die Idee anderer und ebenfalls der Terror. Ophelia und Hamlet stehen sich gleich diesen beiden Alternativen Denken und Nicht-Denken gegenüber, erstarrt und unfähig zu Handlungen. Getrieben von den Motiven Rache (Ophelia) und Unterwerfung (Hamlet). Und obwohl Ophelia scheinbar an möglichen Handlungen von außen gehindert wird, wäre auch ihr Handeln kein Handeln im Sinne einer historischen Perspektive, da sie einzig auf der Grundlage ihres Racheinstinktes, symbolisiert durch Elektra, aktiv werden würde. Letztlich ist Müllers „Hamletmaschine" perspektivenlos und endet im Stillstand, der Erstarrung.

(Quelle: http://www.hausarbeiten.de/faecher/vorschau/103748.html, Stand 25.10.2009)

Es gibt keine verbindlichen Schluss-Formen. Eine Zusammenfassung enthält eine Bilanz oder ein Fazit Ihrer Untersuchung. Überdies bietet Sie einen Ausblick auf weitere interessante Forschungsfelder und zukünftige Untersuchungsmöglichkeiten. Sie sollten beim Schlussteil Ihrer Arbeit nicht bescheiden oder zögerlich auftreten, sondern selbstbewusst Ihre Ergebnisse präsentieren, so dass der Leser vom Wert Ihrer Arbeit überzeugt ist.

Der folgende Überblick soll Ihnen noch einmal deutlich machen, worauf Sie beim Verfassen des Schlussteils achten sollten:

Bilanz	Eine Bewertung bzw. Einordnung der Ergebnisse. - In welchem Zusammenhang stehen die Ergebnisse der Arbeit zu vorliegenden Befunden, Theorien und Studien?
Ergebnisse/ Beantwortung der Fragen	Man kann die in der Einleitung gestellten Fragen zusammenfassend beantworten oder das behandelte Problem thesenartig in einen größeren Zusammenhang einordnen.
Ausblick	Hinweise auf ungeklärte Probleme, offene Fragen. - Welche Schlussfolgerungen können aus der Arbeit für die weitere Forschung, die zukünftigen Untersuchungen gezogen werden? Wo sollte „further research" ansetzen?
Wichtigkeit betonen	Auf den letzten Seiten sollte man die eigenen Leistungen nicht schmälern. Der Schluss kann Schwächen im Hauptteil nicht beheben. Trotzdem sollte man am Schluss besonders sorgsam feilen, da die letzten Seiten das Urteil der Leserinnen und Leser stark beeinflussen.

Was Sie beim Verfassen des Schlussteils besser weglassen sollten und wie sie den Umfang kalkulieren können, sehen Sie übersichtlich in der folgenden Tabelle.

Kein Appell	Der Schluss ist nicht der Ort für wilde Spekulationen, sondern der Teil einer Arbeit, dem besondere Aufmerksamkeit geschenkt werden sollte. Der Schluss ist auch nicht der Ort für einen Appell an die Menschheit.
Kein Zitat	Im Schluss wird die eigene Arbeit bilanziert. Er ist daher der Ort für eigene Worte. Zitate sollten die Ausnahme sein. Ein Zitat sollte man nur dann in den Schluss aufnehmen, wenn es die eigenen Ergebnisse und Überlegungen prägnant auf den Punkt bringt.
Umfang	Es gibt keine verbindliche Regel, welchen Umfang der Schluss haben soll. Etwa 10-15% des gesamten Textes soll für den Schlussteil vorgesehen werden.

☞ Übung 2

Lesen Sie die folgenden zwei Zusammenfassungen von studentischen Seminararbeiten genau durch und diskutieren Sie, welche Bestandteile von Zusammenfassungen/Schlussteilen hier realisiert wurden. Füllen Sie die anschließende Tabelle aus.

Text 1: Das Groteske in E.T.A. Hoffmanns „Fantasiestücke in Callot´s Manier"

In dieser Arbeit habe ich, wie Kayser, Pietzcker und Cramer, das Groteske in den „Fantasiestücken" als ein Erkenntnisproblem betrachtet. Auf Grundlage dieses Verständnisses habe ich eigene Thesen erarbeitet. Ich habe namlich untersucht,auf wessen Erkenntnis es ankommt, d.h.das Problem des Betrachters analysiert. Dieses Problem ist bislang selten in Betracht gezogen worden. Überdies habe ich auch darauf hingewiesen, dass das Groteske in Hoffmanns „Fantasiestücken" wegen verschiedener Stufen des Betrachters in verschiedenen Stufen des Textes liegt. Das war früher ebenfalls noch nicht untersucht worden. Außerdem habe ich auch über die Geltungsdauer des Grotesken reflektiert. Dies hängt wiederum mit der Verwandlung des Grotesken in z.B. Ironie zusammen. Nach meiner Ansicht ist das Groteske aufgelöst oder jedenfalls abgeschwächt, wenn man die Funktionen des Grotesken ganz erkannt oder versucht hat, dem Grotesken eine Erklärung zu geben.

Ein wichtiger Punkt meiner Arbeit liegt auch darin, dass die Vermischung von Gattungen, Intertextualität und Stilbruch auch als groteske Elemente angesehen werden.

Im Teil über die Funktionen des Grotesken in den „Fantasiestücken" habe ich zuerst die strukturelle Funktion des Grotesken aufgezeigt. In manchen Erzählungen in den „Fantasiestücken" verwandelt sich das Groteske in Ironie. Bei anderen versucht der Autor, Unkontrollierbarkeit und Selbstzweifel beim Leser zu wecken. Im Allgemeinen beabsichtigt der Autor, eine Entfremdung im Werk zu schaffen. Dadurch erzeugt er wiederum Kreativität und Originalität in der Dichtung. Das Streben nach Entfremdung und Kreativität ist eigentlich das Streben nach dem Romantischen. Das Groteske dient als ein Mittel des Romantischen und der Kompensation des Ungenügens in Alltag und Normalität.

In meiner Arbeit wurde die Beziehung zwischen dem Grotesken und der Intertextualität nur flüchtig behandelt. Die allgemeinen Beziehungen zwischen dem Grotesken und der Intertextualität können noch weiter und intensiver untersucht werden, da es viele Literaturwissenschaftler und Schriftsteller gibt, die die beiden Themen gleichzeitig behandelt haben. Z.B. hat Bachtin sowohl über das Groteske als auch über die Dialogizität geschrieben. In Grass' Werk sind die beiden Themen auch leicht erkennbar. Es ist deswegen interessant, weiter zu erforschen, warum die beiden Erscheinungen oft zusammen vorkommen.

Text 2: „Web-Forum-Kommunikation: Zwischen Mündlichkeit und Schriftlichkeit"

Die Sprache der Webforen (WFn) nähert sich, trotz medialer Schriftlichkeit, der konzeptionellen Mündlichkeit an, durch umgangssprachliche Lexik, hohen Gebrauch von Onomatopoetika, Interjektionen und Gesprächspartikeln, Emulierung prosodischer Elemente sowie Popularität der Smileys. Die für die mündliche Kommunikationssituation typischen Merkmale wie Synchronität, Spontanität und Interaktivität bewirken nicht nur die ebengenannten Phänomene sondern auch weitere Besonderheiten wie die Verbreitung von Schreibfehlern bzw. Akronymen. Die Unterschiede deutscher und chinesischer Auffälligkeiten bestehen vor allem in sprachspezifischen Eigenschaften. Trotzdem verfügen die deutschen und chinesischen WFn sprachlich über viele Ähnlichkeiten wie mündliche Kennzeichen, Bevorzugung von Smileys und Akronymen sowie Fehlertoleranz.

Hinsichtlich der Syntax sind parataktische, lose aneinander gereihte und durch Semikolon getrennte Sätze für Forenbeiträge typisch. Noch eine Besonderheit ist, einen Satz durch drei Auslassungspunkte zu beenden. (Storrer 2000,153f) Die syntaktischen Phänomene wurden zwar in der Arbeit nicht berücksichtigt, lassen sich aber in den deutschen Beiträgen durchaus nachweisen. Im Chinesischen fallen zahlreiche unvollständige Sätze auf, die keine richtige Subjekt-Prädikat-Struktur haben und viele Ellipsen enthalten, was konzeptionelle Mündlichkeit kennzeichnet. (Vgl. Fang 2001, 10f)

Die Arbeit konnte zeigen, dass Internetkommunikation, auch bei schriftlicher Realisierung, Elemente von Mündlichkeit begünstigt. Eine Analyse weiterer Textformen innerhalb einzelner Textsorten der Internetkommunikation wäre sicherlich gewinnbringend, um der rasanten Entwicklung innerhalb dieses Bereichs Rechnung zu tragen und Tendenzen beschreiben zu können, bevor Sie im schnelllebigen Netz wieder verschwinden.

Füllen Sie nun anhand der obigen Schlussteile die folgende Tabelle in Stichpunkten aus.

	Text 1	Text 2
Bilanz/Zusammenfassung der wichtigsten Ergebnisse		Sprache der Webforen (WFn) nähert sich der konzeptionellen Mündlichkeit
Interpretationder Ergebnisse / Beantwortung der Fragen		

Ausblick/ Schlußwort/ Wichtigkeit der Ausführung betonen		

☞ **Übung 3**

Im nächsten Abschnitt sehen Sie den Schlussteil zweier Seminararbeiten. Schreiben Sie zu jedem Abschnitt an den Rand, ob es sich um eine Bilanz, um Ergebnisse, Betonung der Wichtigkeit der eigenen Untersuchung oder einen Ausblick handelt. Haben Sie Verbesserungsvorschläge?

Text 1: Schluss zur Seminararbeit „Der Aufbau von 'Parzival'" Als Schluss fasse ich meine Arbeit zusammen. In meiner Arbeit interpretiere ich von zwei Aspekten ausgehend den Aufbau des „Parzival": der inhaltlichen Gliederung und der thematischen Struktur. Anhand dieser Interpretation können wir die Ursache von Parzivals Welterfolg erkennen. Wegen der spannenden Handlung und des ordentlichen Aufbaus kann dieses Epos in der heutigen Gesellschaft noch so viele Leser anziehen.	
Text 2: Schluss zur Seminararbeit „Kontrastive Forschung der Herkunft von deutschen und chinesischen Phraseologismen" Durch den obigen Vergleich ist zu ersehen, dass es trotz allen geografischen, kulturellen, soziologischen Unterschieden dennoch viele Gemeinsamkeiten in der Herkunft deutscher und chinesischer Phraseologismen gibt. Berühmte Werke, Mythen und Sagen, Fabeln und Parabeln sind gängige Quellen der Phraseologismen beider Sprachen. Zurzeit beginnen einige Sprachwissenschaftler schon damit, die konfrontative Linguistik aus anthropologischer Perspektive zu erforschen, um die Gemeinsamkeiten zweier oder mehrerer Sprachen zu begründen. Die	

163

Anthropologie wird allmählich eine neue Forschungsrichtung der konstrativen Literatur und konfrontativen Linguistik.

Allerdings sind die Differenzen bei der Herkunft der Phraseologismen beider Sprachen auch nicht zu übersehen. Der Unterschied in Kultur, Religion, sozialem Zustand und Denkweisen zwischen Deutschland und China führen oft dazu, dass das Volk beider Länder das Leben aus verschiedenen Perspektiven und auf unterschiedliche Weise beobachtet und empfindet. Daher weist die Quelle der Phraseologismen beider Sprachen auch etwas Unterschiedliches auf. Auffällig ist, dass die meisten chinesischen Phraseologismen aus Werken berühmter Denker, Politiker oder Dichter stammen. Daher werden sie oft als elegante und gehobene Ausdrucksweise verwendet. Im Unterschied dazu entstammt eine große Menge deutscher Phraseologismen aus allgemein verständlichen, volkstümlichen Sagen und Geschichten oder haben ihren Ursprung in deutschen traditionellen Sitten und Gebräuchen, sodass diese Phraseologismen normalerweise lebensnah aber weniger elegant erscheinen. Dies bringt mit sich, dass sich die meisten deutschen und chinesischen Phraseologismen auf unterschiedlichen Stilebenen befinden.

☞ Übung 4

Lesen Sie bitte die folgenden vier Zusammenfassungen von studentischen Seminararbeiten. Was können Sie in diesen Textabschnitten erfahren? Nennen Sie einige Besonderheiten der Arbeiten: Was fällt Ihnen positiv, was negativ auf? Füllen Sie die anschließende Tabelle aus.

1	Durch die Untersuchung bin ich zum Ergebnis gelangt, dass Presseartikel die folgenden Merkmale haben.

1. Die heutigen Presseartikel haben meiner Untersuchung nach eine Satzlänge von 10 bis 15 Wörtern.

2. Der einfache Satz ist die bevorzugte Satzform der Presseartikel. Die Satzgefüge sind die zweite bevorzugte Satzform.

3. Die Satzgefüge haben meist nur einen Nebensatz, das heißt, sie sind keine zu komplizierten Sätze.

4. Es gibt auch einige Unterschiede zwischen der Boulevardzeitung „Bild" und dem Nachrichtenmagazin „Spiegel" bei Satzlänge und Satzform. „Bild" hat eine kürzere Satzlänge als der Spiegel und benutzt mehr Satzäquivalente, während der „Spiegel" eine längere Satzlänge hat und mehr komplizierte Nebensätze benutzt.

Die Gründe für die Unterschiede liegen meiner Vermutung nach in Charakter und Funktion der Artikel. Der „Spiegel" ist ein politisches Nachrichtenmagazin, deshalb liegt seine Funktion mehr darin, die Leute, die sich für Politik interessieren, über verschiedene politische Ereignisse und Kommentare zu informieren. Und dies lässt sich nicht mit einfachen Sätzen erreichen. Außerdem können Leute, die gebildet sind, komplizierte Sätze problemlos verstehen. Dagegen ist „Bild" eine Boulevardzeitung, deren Funktion mehr in der Unterhaltung liegt. Sie ist bei normalen Arbeitern beliebt. Dieser Charakter verursacht ihre kürzeren und einfacheren Sätze und Satzformen.

Die vorliegende Arbeit hat nur Satzlänge und Satzformen der deutschen Presseartikel untersucht. Für eine weitere Untersuchung wäre es interessant, auf die Stilmerkmale verschiedener Presseartikel einzugehen.

2	Nach der Analyse erfolgt nun ein Überblick über die narrative Themenentfaltung am Beispiel einer Fabel. Um wichtige Kategorien der narrativen Themenentfaltung deutlich darzustellen, habe ich die folgende Tabelle als Übersicht konzipiert: • Komplikation: Die Drohung einer Katze • Resolution: Eine unrealisierbare Idee: der Katze um den Hals umzuhängen (negative Hinsicht) • Evaluation: keine • Orientierung: keine • Koda: das Problem ist durch eine praktische und realisierbare Methode zu lösen. Neben der Themenentfaltung wäre eine Untersuchung der epischen Kurztexte mithilfe der funktionalen Stilistik viel versprechend. Auch eine Analyse von Stilelementen und Stilzügen des Textes wäre durchaus interessant.
3	Ich habe diese Werbeanzeige mit pragmastilistischen Methoden analysiert. Die pragmatische Stilistik ist eine produktive Weiterentwicklung des sprechakttheoretischen Ansatzes. Der Produzent kann eine sprachliche Handlung verschieden formulieren und mit den verschiedenen Arten des Formulierens auch Verschiedenes bewirken, und der Empfänger wird dadurch aufmerksam gemacht.
4	Der Widerspruch zwischen Hoffnung und Hoffnungslosigkeit ist hervorstechendes Motiv der Kurzgeschichten von Wolfgang Borchert und auch der Nachkriegszeit.

Der Zweite Weltkrieg hat die Menschen äußerlich und innerlich zerstört. Dies hat Borchert als ein berühmter Vertreter der Kahlschlagliteratur durch seine schmucklose Sprache gut geschildert.

Der Schriftsteller hat die Härte des Krieges erlebt und die Wirklichkeit der sinnlosen Kämpfe und das Unglück in den normalen Menschen erkannt.

Seine Hauptfiguren bleiben oft anonym. Er beschreibt das wahre Leben der kleinen Menschen. Durch die Beschreibung von Details und die typische Kurzgeschichtenschreibweise hat er menschlich Verhaltens- und Denkweisen in allen Facetthen aufgezeigt. Die Grundstimmung ist meistens deprimierend und grau. Aber unter der hoffnungslosen Decke erkennt man einen Funken Hoffnung.

Alles in allem kann man sagen, dass das Konflikt zwischen Hoffnung und Hoffnungslosigkeit die Attraktivität von Borcherts Kurzgeschichten ausmacht.

Nr.	Besonderheiten (positiv u. negativ)
1	*Negativ: keine Zusammenfassung der Interpretationsergebnisse*
2	
3	
4	

☞ **Übung 5**

Lesen Sie bitte die Schlussteile studentischer Seminararbeiten. Schreiben Sie an den Rand, welchen Arbeitsschritt der Autor gerade ausführt. Gibt es Auffälligkeiten in den folgenden Textabschnitten? Was würden Sie anders machen?

Text 1: Popliteratur in Deutschland und in China - Vergleich zwischen „Crazy" von Benjamin Lebert und „Drei Türen" von Han Han

Die Pop-Literatur ist eine Erscheinungsform der Pop-Kultur. Sie versucht, eigene Träume in die Gesellschaft zu projizieren, deswegen ist sie ein Teil der gesellschaftlichen Realität. Inhaltlich beschäftigt sie sich hauptsächlich mit Themen wie dem Jungsein, der Auseinandersetzung mit der Erwachsenenwelt und der Pubertätsbewältigung. Die Popmusik spielt eine wichtige Rolle in der Pop-Literatur. An der in der Popmusik wird die Aktualität der Pop-Kultur deutlich. Zusammenfassend lässt sich sagen, dass sich die Pop-Literatur an der medial dominierten Oberflächenkultur orientiert, also an Popmusik, Popfilmen und Popstars.

Bilanz zu Hauptthemen der Popliteratur

Hinsichtlich der thematischen und formalen Merkmale gehören die beiden Romane, die ich miteinander verglichen habe, zur Pop-Literatur. Zwischen den beiden Romanen gibt es Ähnlichkeiten und auch Unterschiede.

Wiederholung der Fragestellung

Sie schildern jeweils eine Internatsgeschichte, in der ein Junge allmählich erwachsen wird. Es gibt in jeder der beiden Handlungen ein Weglauf-Erlebnis. Die zwei jungen Autoren beschreiben das Leben der Protagnoisten, ihre Liebe zu den Eltern, zu Mädchen, und ihre Freundschaft. Schließlich werden die Jungen reifer und erwachsen, indem sie sich den Schwierigkeiten stellen und sie bewältigen.

Trotz dieser Ähnlichkeiten zwischen den zwei Romanen, darf man die Unterschiede nicht übersehen.

So ist die Einstellung der zwei Jungen zum Leben in der Literatur ganz verschieden. Das hängt sicher auch mit den unterschiedlichen Einstellungen von Deutschen und Chinesen zusammen. Han Han wird von den meisten Lehrern in China kritisiert. Sie meinen, dass eine Figur wie Lin Yuxiang im Roman „Drei Türen" negative Einflüsse auf Jugendliche ausübt. Der Roman wird nicht nur in literarischen Kreisen hochgeschätzt, sondern spielt auch eine wichtige Rolle in der Gesellschaft in China, wo die Literatur vor allem als Erziehungsmittel betrachtet wird. D.h. Han Han dient als ein Vorbild für die Jugendlichen, die unzufrieden mit dem Schulsystem sind und einen eigenen Weg einschlagen möchten. Im Vergleich dazu hat Leberts Roman eher eine nur literarische Funktion in Deutschland.

Für weitergehende Untersuchungen wäre es interessant, weitere Werke der Pop-Literatur in Deutschland und in China zu untersuchen, um herauszufinden, welche Ähnlichkeiten und Unterschiede es gibt und welche Tendenzen der Pop-Literatur zu erkennen sind.

Text 2: Ah Q und Woyzeck - Ein Vergleich zwischen den klassischen Underdogs in der chinesischen bzw. deutschen Literatur

Während einer Zeitwende entwickelt sich die Gesellschaft einerseits weiter, dabei tauchen aber andererseits in diesem historischen Verlauf auch gesellschaftliche Probleme, sogar Konflikte, auf.

Zwar verfällt das alte gesellschaftliche System, dennoch übt es noch Einfluss auf das neu aufkommende Denken aus. Die einander gegenüber stehenden Kräfte kämpfen um die Macht, währenddessen erscheinen weitere Nebenströmungen, die die gesamte Situation ins Chaos führen. Angesichts des historischen Verlaufs fällt es den unteren Gesellschaftsschichten schwer, darauf richtig zu reagieren und sich angemessen zu verhalten. Sie können nicht wie die Intellektuellen eine klare Einsicht in die Veränderung der Welt gewinnen, ihr Leben wird meist von der Oberschicht der Gesellschaft kontrolliert. Aber wie das Leben der unteren Schichten aussieht, die den größten Teil der Gesellschaft ausmachen, ist ein Gradmesser für die Entwicklung der Gesellschaft. Dass ein Autor den Unterschichten Aufmerksamkeit schenkt und dadurch die sozialen Probleme aufzeigt, um die Gesellschaft voranzubringen, ist die Voraussetzung dafür, dass er als „großartiger Autor" gelten kann.

Lu Xun und Büchner gehören zu den bekanntesten Autoren, werden immer wieder gelesen und von den Lesern geliebt und verehrt. Mit großem Mitgefühl stellt Büchner die Leiden und die Unterdrückung der unteren Gesellschaft und die Notwendigkeit, diesen Teil der Gesellschaft zu befreien, dar. Und an Ah Q kritisiert Lu Xun den traditionellen Hang der Chinesen, sich über Niederlagen durch Beschönigung hinwegzutrösten, statt die Tatsachen zu ergründen. Damit weist er auch auf die Hauptursache der Niederlage der Xinhai Revolution hin. Im historischen Sinn gewinnen die beiden Werke an Bedeutung: Sie werden mit ihren klassischen Hauptfiguren auf die Nachwelt immer einen entscheidenden Einfluss ausüben.

Bemühen wir uns, das tragische und beklagenswerte Schicksal der kleinen Leute zu ändern, Ausbeutung und Unterdrückung zu beseitigen, in der Gesellschaft Gerechtigkeit zu schaffen!

2. Sprachliche Mittel für Zusammenfassungen

Im Folgenden sehen Sie geläufige Textbausteine für die Zusammenfassung einer Arbeit. Falls Sie während Ihrer Recherchearbeit und Textlektüre auf weitere sprachliche Mittel stoßen, die Sie gut für das Verfassen des Schlussteils brauchen können, können Sie die Liste hier auch weiter ergänzen.

Fragestellung und Ziel wiederholen:

- Ziel dieser Ausführung war aufzuzeigen, …
- Die vorliegende Arbeit hat untersucht, …
- In der vorliegenden Arbeit stand die Frage im Mittelpunkt des Interesses, …
- Wie können nun also neue Perspektiven der … effektiv in die Unterrichtspraxis integriert und mit Erfolg eingesetzt werden?
- …

Bilanz ziehen:

- Aus den obigen empirischen Untersuchungen kann man schließen, dass …
- Vor allem im Hinblick auf Aktualität und individuelle Anpassung bieten Lernplattformen als dynamische Unterrichtsmedien einen didaktischen Mehrwert gegenüber statischen Medien.
- …

Ergebnisse präsentieren:

- Nach der Analyse erfolgt nun ein Überblick über (A)…
- Durch die Untersuchung bin ich zum Ergebnis gelangt, dass …
- Abschließend möchte ich zusammenfassen, dass …
- Zum einen ist der Blick auf das Fremde ….. Zum anderen ermöglicht das Projekt … Schließlich bietet ….
- Durch den obigen Vergleich ist zu ersehen, dass ..
- Nach eingehender Beschäftigung mit (D)… stellt sich heraus …
- Die folgenden Ergebnisse möchte ich festhalten: …
- Zusammenfassend lassen sich folgende Beobachtungen aus der Befragung festhalten: (…)
- …

Ausblick formulieren:

- Über (A)… sollten noch mehr praxisbezogene wissenschaftliche Untersuchungen durchgeführt werden, da …
- Es ist nicht nur möglich, sondern auch notwendig, (A)… durchzuführen, da …
- Für eine weitere Untersuchung wäre es interessant, …
- …

Hervorhebung

- Dies macht das Modell gerade für (A)… besonders wertvoll.
- Insbesondere für den Bereich … sind die Untersuchungsergebnisse von größer Relevanz, da …
- …

Eingrenzungen hinsichtlich der Antworten vornehmen

- Aber inwieweit man sich dieses Instruments bedienen darf und wie es bei verschiedenen Anwendungsfällen begrenzt werden soll, bleibt immer noch eine ungelöste Gretchenfrage.
- In dieser Arbeit konnte zwar nur (N)... behandelt werden, aber ...
- Auch wenn diese Arbeit sich nur mit (D)... beschäftigt hat, wäre ... möglich und interessant.

☞ **Übung 6**

In den folgenden Schlussteilen sind grammatische und Ausdrucksfehler zu finden. Außerdem fehlen an manchen Stellen die richtigen Sprach-/Redemittel. Verbessern Sie bitte die folgenden Textabschnitte.

1. In diesem Text wird der Roman „Parzival" als Entwicklungsroman <u>gehalten</u>. <u>Parzivalslebensweg</u> wird mit dem Lebensweg von Simplicissimus und (...) seines Vaters verglichen, dadurch (...) Ähnlichkeiten und Unterschiede <u>ausgesucht werden</u>. Obwohl der Roman „Parzival" seit vielen Jahren <u>gelest</u> und studiert wird, verfügt er aber noch (...) ein weites Untersuchungsfeld.	→ behandelt
2. Als Schluss fasse ich meine Arbeit zusammen. In meiner Arbeit interpretiere ich von zwei Aspekten, <u>einer von inhaltsgeliederung, und der andere von Themaaufbau aus dem Aufbau von dem „Parzival"</u>. Durch diese Interpretation können wir <u>den Grund</u> von Parzivals Welterfolg <u>finden</u>. <u>Ganz wegen</u> spannender Handlung und <u>ordentliches Aufbaues</u> kann dieses Epos in <u>den</u> heutigen Gesellschaft noch so viele Leser <u>ziehen</u>.	
3. <u>Zusammengefasst</u> gesagt, habe ich in dieser Abhandlung mit den Synonymen <u>über</u> „sterben" als Beispiel Synonymie und <u>dessen</u> Darstellen in <u>Sicht</u> der Stilebene und der stilistischen <u>Farbe</u>(Färbung) ausgelegt. Die Synonyme sind zwar <u>bedeutunggleich</u> oder -ähnlich, stehen aber in unterschiedlichen <u>Gebrauchskategorie</u>, nämlich sie können in verschiedenen Stilebenen und stilistischen Färbungen nicht <u>umgetauscht</u> werden. Wenn zwei Jungen über <u>dem</u> Tod von irgendeiner Person reden, dann klingt es komisch, wenn sie die <u>gehobene</u> Wörter <u>benutzt</u>. Deswegen ist es <u>bei dem</u> Deutschlernen eine wichtige <u>Frage</u>, die verschiedenen Synonyme zu <u>erkennen</u> und zu beherrschen sowie richtig zu verwenden.	

4. Um das Ideologiebewusstsein der Bevölkerung zu <u>stär-ken</u>, wird in dem Standarddrama der Klassenkampf be-schrieben und gleichzeitig die <u>positive</u> Helden übertrieben hervorgehoben, sowie der Hass <u>unter</u> verschiedenen Klas-sen als das Haupt- oder sogar das einzige Gefühl <u>betracht</u>.

Deshalb kann man feststellen, dass das Standarddrama <u>die</u> Ideologie und <u>die</u> Politik dient. Wie oben erwähnt, ist das genau das Hauptmerkmal des literarischen Diskurses der <u>Kulturrevolution</u>.

Es gibt in der letzten Zeit <u>eine</u> interessante Erscheinung, dass viele frühe <u>Standarddramastücke</u> wieder <u>geführt</u> wer-den. Aber man betrachtet sie schon mit einem anderen Blickwinkel wie zu Zeiten der <u>Kulturrevolution</u>, weil der heu-tige literarische Diskurs nicht mehr nur <u>mit</u> dem politischen Diskurs geprägt ist.

☞ **Übung 7**

Schreiben Sie nun den Schlussteil Ihrer eigenen Abschlussarbeit

Kapitel 10

Korrigieren und Überarbeiten

> ### *Lernziele*
>
> 1. Wie wird meine Arbeit bewertet und was lerne ich daraus für die Überarbeitung?
> 2. Wie korrigiere ich meine Arbeit inhaltlich, sprachlich und editorisch?
> 3. Wie stelle ich die Endfassung meiner Arbeit zusammen?

1. Sinn und Zweck der Überarbeitung

Bei der Überarbeitung sollten Sie – in Anlehnung an die Tabelle auf der nächsten Seite - folgende Fragen an den Text stellen:

➢ Wie ist der Gesamtaufbau der Arbeit? Ist er logisch und für den Leser nachvollziehbar?

➢ Ist meine Einleitung vollständig und passt sie zum Hauptteil der Untersuchung?

➢ Ist der Hauptteil vollständig, logisch aufgebaut und sinnvoll gegliedert?

➢ Beantwortet der Schlussteil die in der Einleitung aufgeworfene Fragestellung und fasst er die Ergebnisse nachvollziehbar zusammen?

➢ Ist der Text auch für Leser verständlich, die sich nicht so intensiv wie ich mit dem Thema beschäftigt haben?

Es ist wichtig, die Arbeit mehrmals zu lesen und dabei auf unterschiedliche Aspekte zu achten:

Erster Schritt: Lesen Sie die Arbeit schnell durch und markieren Sie Textstellen, die Ihnen lückenhaft erscheinen. Es geht beim ersten Lesen darum, dass Sie die Bedeutung des gesamten Fließtextes erfassen. Hier können Sie weitere Argumente anbringen, Erläuterungen zum Verständnis ergänzen oder Überleitungen einfügen, die das Textverständnis erhöhen.

Zweiter Schritt: Lesen Sie Ihre Arbeit nun in normaler Lesegeschwindigkeit und achten Sie auf Form und Struktur Ihres Textes. Wo Sie Veränderungen vornehmen möchten, können Sie den Text markieren und überarbeiten.

Dritter Schritt: Erst beim dritten Lesen achten Sie sorgfältig auf Zeichensetzung, Orthographie, Tippfehler und Zeichensetzungsfehler.

Genaure Hinweise zu den einzelnen Überarbeitungsschritten bekommen Sie in den folgenden Abschnitten.

2. Kriterien zur Bewertung und Überarbeitung

Besonders einfach und effektiv kann Ihre Korrektur werden, wenn Sie die Bewertungsaspekte Ihres Dozenten kennen. Bitten Sie den Betreuer Ihrer Arbeit, sich bei der Bewertung Ihrer Arbeit an den unten abgebildeten Kriterienkatalog zu halten. Dies hat mehrere Vorteile für Sie, aber auch für ihn:

➢ Die Bewertungstabelle garantiert Transparenz und Gerechtigkeit bei der Punktvergabe. Sie lernen die Schwachstellen Ihrer Arbeit kennen und können Sie verbessern.

➢ Bereits bei Erstellung und Überarbeitung können Sie Ihre Arbeit hinsichtlich der unten angegebenen Kriterien überprüfen.

➢ Die Bewertung der Arbeit fällt dem Betreuer leichter, da er die Punkte der Einzelbewertungen nur noch addieren muss.

Die Tabelle gliedert sich in vier Themengebiete, die jeweils unterschiedlich bepunktet sind. So kann man für Sprache und Form jeweils 20 Punkte erreichen, während Textsorte/Textthema und Inhalt je 30 Punkte einbringen können. Die zweite Spalte der Tabelle listet einzelne Bewertungsaspekte und deren maximal erreichbare Punktzahl in Klammern auf.

Eine genaue Erläuterung einzelner Bewertungsaspekte findet sich unter der Tabelle. In die dritte Spalte trägt der Betreuer die erreichte Punktzahl ein und schreibt bei Punktabzug einen Kommentar hinzu. Vergibt der Korrektor beispielsweise nur 3 Punkte für das Literaturverzeichnis, so ist dies möglicherweise unvollständig, nicht alphabetisch, durcheinander, uneinheitlich.

Genaueres erfährt der Studierende durch den Kommentar und die Korrekturanmerkungen im Inhaltsverzeichnis selbst. Bekommt der Studierende nur 2 Punkte im Bereich „verwendete Literatur", so hat er zu wenig, zu alte, nicht relevante und/oder unwissenschaftliche Quellen verwendet. Der Betreuer sollte den Mangel im Kommentar deutlich machen.

Sehen Sie sich nun die Bewertungstabelle an:

Bewertungs-gebiete	Bewertungsaspekte	Punkte	Kommentar
Textsorte und Thema (30 P)	1) Schwierigkeit des Themas (5)		
	2) Eigenleistung (10)		
	3) Logischer Aufbau der Arbeit (10)		
	4) Umgang mit Fachliteratur (5)		
Inhalt (30 P)	5) Einleitung und Fragestellung (5)		
	6) Ausführung des Hauptteils (10)		
	7) Schluss und Ergebnis der Arbeit (5)		
	8) Qualität verwendeter Literatur (5)		
	9) Allgemeine Verständlichkeit (5)		
Sprache (20 P)	10) Grammatik und Rechtschreibung (10)		
	11) Ausdruck und Stil (10)		
Form (20 P)	12) Rand, Zeilenabstand, Seitenzahlen ... (5)		
	13) Inhaltsverzeichnis (5)		
	14) Literaturverzeichnis (5)		
	15) Zitate (5)		
Erreichte Gesamtpunktzahl (100)			

Im Folgenden sollen die Bewertungskriterien kurz erläutert werden. Sowohl der Betreuer Ihrer Arbeit als auch Sie selbst sollten versuchen, diese oder ähnliche Fragen an den von Ihnen verfassten Text zu stellen. Die Ziffer entspricht der Nummer innerhalb der Tabelle.

1) Schwierigkeit des Themas

Ist die Themenstellung wirklich einer wissenschaftlichen Arbeit angemessen oder nicht?

2) Eigenleistung

Hat der Studierende nur das, was schon viele andere vor ihm herausgefunden haben, wiederholt oder sich vieles eigenständig erarbeitet, selbstständig recherchiert? Sind eigene, neue Gedankengänge vorhanden?

3) Logischer Aufbau der Arbeit

Ist der Aufbau der Arbeit sinnvoll, sind die Gedankengänge nachvollziehbar oder gibt es viele Gedankensprünge? Enthält der Text viele inhaltliche Wiederholungen, sind die gezogenen Schlüsse nachvollziehbar?

4) Umgang mit Fachliteratur

Führt der Studierende Quellen als Beweise/Belege an? Hat er verschiedene Quellen herangezogen, um zu vergleichen oder nutzt er sie nur, um nicht selbst formulieren zu müssen? Sind die Quellen sinnvoll in den Text eingebettet?

5) Einleitung und Fragestellung

Ist die Einleitung gelungen und enthält sie alle notwendigen Aspekte: Einführung in die Thematik, Thema, Fragestellung, Zielsetzung der Arbeit, Vorgehensweise, Hauptquelle/Forschungsstand?

6) Ausführung des Hauptteils

Ist der Hauptteil argumentativ schlüssig, logisch aufgebaut, sinnvoll, überzeugend? Ist das Thema vollständig bearbeitet oder fehlen wichtige Aspekte?

7) Schluss und Ergebnis der Arbeit

Ist der Verfasser zu einem Ergebnis gekommen? Hat er alle wichtigen Aspekte sinnvoll zusammengefasst, so dass die Analyse abgeschlossen ist?

8) Qualität der verwendeten Literatur

Ist die verwendete Literatur aktuell, hat der Studierende gute Quellen gesucht und gefunden oder zitiert er wahllos alles, was er im Internet findet?

9) Allgemeine Verständlichkeit

Ist der Inhalt verständlich formuliert oder kann man dem Autor gar nicht folgen? Sind wichtige Begriffe definiert und erklärt?

10) Grammatik und Rechtschreibung

Enthält die Arbeit viele Grammatik-, Rechtschreib- und Tippfehler oder ist sie sorgfältig korrigiert?

11) Ausdruck und Stil

Ist die Arbeit stilistisch auf wissenschaftlichem Niveau oder zu simpel formuliert? Benutzt der Autor seinen Wortschatz angemessen oder enthält die Arbeit eine Vielzahl unangemessener, unpassender, falsch verwendeter Ausdrücke?

12) Rand, Zeilenabstand, Seitenzahlen etc.

Hat der Autor sich durchgehend an die formalen Vorgaben für Ränder, Zeilenabstand, Schriftgröße usw. gehalten? Enthält die Arbeit durchgehende Seitenzahlen, die auch mit dem Inhaltsverzeichnis übereinstimmen? Wie sehen die Fußnoten aus?

13) Inhaltsverzeichnis

Ist das Inhaltsverzeichnis übersichtlich, vollständig, richtig?

14) Literaturverzeichnis

Erfüllt das Literaturverzeichnis die Regeln, die in diesem Buch angegeben sind? Sind die Quellenangaben vollständig, einheitlich, richtig sortiert?

15) Zitate

Wird formal richtig zitiert, wie im Kapitel zum Zitieren vorgeschrieben?

3. Inhaltliche Überarbeitung

Vielleicht genügt es Ihnen, die Bewertungsaspekte auf der vorigen Seite zu kennen, um Ihre Arbeit sinnvoll und strukturiert zu überarbeiten. Sie können sich jedoch auch an die Korrekturvorschläge in den folgenden Abschnitten halten, die Sie Schritt für Schritt zur Endfassung Ihrer Arbeit führen.

Zum jetzigen Zeitpunkt haben Sie die Rohfassung der Arbeit bereits fertig gestellt. Nun kann es hilfreich sein, wenn Sie eine Pause von mehreren Tagen einlegen, um Abstand zu Ihrer Arbeit zu gewinnen. Vielleicht können Sie diese Zeit nutzen, um Abschlussarbeiten Ihrer KommilitonInnen durchzulesen und bei der Korrektur behilflich zu sein. Gleichzeitig ist es sinnvoll und effizient, wenn einer oder mehrere MitstudentInnen sich Ihre Arbeit vornehmen und Ihnen Feedback gibt.

Ziel Ihrer ersten inhaltlichen Überarbeitung ist es, sicherzustellen, dass die Arbeit einen roten Faden aufweist. Dies können Sie mithilfe der folgenden Übungen feststellen und gegebenenfalls Veränderungen vornehmen.

☞ Übung 1

a) *Überprüfen Sie die Hauptaussage Ihres Textes, indem Sie den Kern Ihrer Arbeit hier niederschreiben. Worum geht es in Ihrer Arbeit?*

Kern/Hauptaussage meiner Arbeit:

_____

b) *Lesen Sie bitte nun den gesamten Text Ihrer Arbeit durch und überprüfen Sie, ob Aufbau und Inhalte Ihrer Arbeit der Hauptaussage entsprechen. Notieren Sie hier, in welchen Kapiteln Sie Mängel finden konnten und überarbeiten Sie diese im Anschluss an die Übung.*

_____

Sie haben in der vorigen Übung bereits herausgefunden, ob Ihre Arbeit einen durchgehenden roten Faden aufweist und Korrekturen vorgenommen. Nun kontrollieren Sie den Zusammenhang von Einleitung und Schlussteil. Eine wichtige Frage, die Sie beantworten müssen, lautet: Habe ich alle Fragen, die ich in der Einleitung gestellt habe, wirklich in der Zusammenfassung beantwortet?

☞ Übung 2

Lesen Sie Einleitung und Schlussteil Ihrer Arbeit noch einmal durch. Haben Sie alle wichtigen Fragen beantwortet? Notieren Sie die wichtigsten Fragen hier und suchen Sie die Antworten im Schlussteil.

Frage: _____

Antwort: _____

Frage: _____

Antwort: _____

Durch die vorigen Übungen haben Sie sichergestellt, dass Ihre Arbeit inhaltlich logisch aufgebaut ist und Sie die Ziele erreicht haben, die Sie sich am Anfang Ihrer Untersuchung gesteckt haben. Eine weitere wichtige Frage, die Sie sich in Bezug auf den Inhalt stellen müssen, ist die Frage der Verständlichkeit. Kann ein Leser, der sich nicht so intensiv wie Sie mit dem Thema auseinandergesetzt hat, Ihren Aufbau, Ihre Argumente, Ihre Schlussfolgerungen etc. verstehen? Testen Sie Ihre Arbeit mithilfe der folgenden Übung.

☞ Übung 3

Lesen Sie Ihre Arbeit bitte ein weiteres Mal durch und versetzen Sie sich in einen Ihrer KommilitonInnen. Kann auch jemand den Text verstehen, der sich nicht so eingehend mit dem Thema beschäftigt hat? In welchen Kapiteln sehen Sie Schwierigkeiten?

Unverständliche Kapitel:

_____

Bevor Sie die von Ihnen aufgelisteten Kapitel überarbeiten, sollten Sie die fraglichen Kapitel wirklich einem Ihrer Mitstudenten vorlegen. Vielleicht haben Sie Ihre Leser unterschätzt und die Verständlichkeit ist gewährleistet.

Beim nächsten Lesen soll es um Informationen gehen, die der Leser nicht braucht und die deshalb überflüssig sind. Finden Sie überflüssige Kapitel und Textteile und streichen Sie diese. Vielleicht enthält Ihre Arbeit einige Textstellen, die zwar für Sie selbst wichtig waren, um sich über das Ziel Ihrer Arbeit klar zu werden, den Leser aber kaum interessieren. Möglicherweise sind Sie im Verlaufe Ihrer Untersuchung auch einen Irrweg gegangen, bevor Sie Ihre eigentliche Analyse vorgenommen haben. Nun müssen Sie entscheiden, ob der Leser all das Wissen benötigt, das Sie gebraucht haben, um zum Ergebnis Ihrer Arbeit zu gelangen. Oder gibt es Überflüssiges? Wo können Sie den Text straffen?

☞ Übung 4

Gibt es Informationen, die den Leser nur verwirren, aber nicht dazu beitragen, den roten Faden zu erkennen? Auch wenn es schwer fällt, sich von den eigens formulierten Textpassagen zu trennen: Streichen Sie überflüssige Textteile Ihrer Arbeit.

4. Sprachliche Überarbeitung

Grundsätzlich sollte man keine wissenschaftliche Arbeit für fertig oder veröffentlichungsreif ausgeben, wenn sie nicht gründlich überarbeitet und von einer dritten Person Korrektur gelesen worden ist.

Wie bereits ausgeführt, ist es durchaus legitim und sogar erwünscht, dass Sie sich beim Verfassen Ihrer wissenschaftlichen Arbeit miteinander austauschen. Diskutieren Sie mit Ihren Kommilitonen und Freunden über Ihr Thema, über die Gliederung Ihrer Arbeit, über Meinungen und Aussagen, die Sie in ihren Literaturquellen gefunden haben. Vielleicht bringt die Diskussion Sie zu einem völlig neuen Betrachtungsaspekt, der für Ihre Arbeit wichtig und interessant ist.

Gleiches gilt für die sprachliche Korrektur Ihrer Arbeit. Tauschen Sie Ihre Arbeit immer wieder mit anderen Deutschlernern aus und korrigieren Sie die Fehler der anderen. Lesen Sie Ihren eigenen Text, aber auch die Korrekturtexte der anderen mehrmals durch und achten Sie auf unterschiedliche Aspekte.

Die sprachliche Überarbeitung dient einerseits der Korrektur von Grammatik und Rechtschreibung. Andererseits soll die Lesbarkeit verbessert werden und überprüft werden, ob der Text sich an stilistische Kriterien des wissenschaftlichen Arbeitens hält. Die Anforderungen an einen wissenschaftlichen Schreibstil haben Sie in Kapitel 8 kennen gelernt. Überprüfen Sie Ihren Text nun noch einmal, ob Sie die dort vorgetragenen Vorschläge berücksichtigt haben und Ihre Arbeit hinsichtlich „Ausdruck und Stil" angemessen ist.

☞ Übung 5

Den folgenden Text kennen Sie schon aus einem vorigen Kapitel. Machen Sie Vorschläge für stilistische Veränderungen und unterstreichen Sie auch sprachliche Fehler.

> Die soeben geschilderten technischen Rahmenbedingungen und die damit verbundenen Probleme raten uns m.E. jedoch nicht davon ab, uns eine kontrastive Analyse vorzunehmen, sondern veranlassen uns eher dazu, über kulturell und sprachlich geprägte, vielfältige Erscheinungsformen einer Kommunikationsform nachzudenken. Aus dem bisherigen Überlegungen ist feststellbar, dass sich die deutsche und die chinesische Variante der Kommunikationsform SMS in dem Grad der Aufnahme der Anlizismen unterscheidet.
>
> Zu fragen bleibt, ob Anglizismen/Amerikanismen im Zeitalter der Globalisierung auch die Jugendsprache überwuchern, und um darauf zu antworten, ist es angebracht, ausreichend viel Material der Sprachvarietät „Jugendsprache" in ihrem möglichst vielen Formen und in möglichst vielen Sprachen zu vergleichen. Dieser Frage möchte ich bei nächster Gelegenheit nachgehen.

Falls Sie Schwierigkeiten haben, stilistische Vorschläge anzubringen, lesen Sie sich als Erinnerungshilfe an Lektion 8 die Korrekturaspekte in der nächsten Übung durch.

☞ **Übung 6**

Kümmern Sie sich nun um die Korrektur Ihrer eigenen Arbeit. Lesen Sie bitte Ihren eigenen Text durch und achten Sie auf folgende Aspekte.

a) Ich–Form: Habe ich einen abwechslungsreichen Text verfasst, der zwischen Ich-Formen und Passivkonstruktionen wechselt. Sie müssen sich als Autor nicht verstecken!

b) Gleichzeitig sollten Sie auf die Wir-Form verzichten. Sie wirkt lehrmeisterhaft und setzt ein Einverständnis mit dem Leser voraus, das dieser vielleicht gar nicht hat.

c) Aktiv-Passiv: Enthält mein Text eine Mischung aus Aktiv- und Passivkonstruktionen, so dass er gut zu lesen ist? Versuchen Sie unpersönliche Formulierungen wie „es erfolgt", „es ist zu erkennen" zu vermeiden.

d) Satzlänge und –komplexität: Sind meine Sätze gut verständlich? Achten Sie darauf, dass Ihre Sätze nicht zu lang und nicht zu komplex sind. Versuchen Sie, Nominalstrukturen aufzulösen, wo eine Nebensatzstruktur genauso exakt und leichter verständlich ist.

e) Klarheit und Selbstbewusstsein: Seien Sie klar und selbstbewusst im Ausdruck. Sie sind der Experte, der dem Leser etwas Neues vermitteln will.

f) Achten Sie auf die Textvarianz. Zu viele Wiederholungen verärgern und ermüden den Leser.

Bis zu diesem Zeitpunkt haben Sie Ihre Arbeit schon vielmals gelesen und auf unterschiedliche inhaltliche und sprachliche Aspekte geachtet. Bei einem der letzten Korrekturgänge sollten Rechtschreibung und Grammatik im Vordergrund stehen.

☞ **Übung 7**

Lesen Sie bitte den folgenden Text und streichen Sie zuerst die Fehler an. Schreiben Sie die Korrektur bitte in die rechte Spalte.

Originaltext	Korrektur
Wie schenkt man in Deutschland? Viele Chinese werden chinesische Mitbringsel für Deutsche bringen, wenn nach Deutschland sie kommt. Gewiss es ist normal, dass man Geschenke bringt, wenn besucht man deutsche Freunde. Aber sollte man darauf passen, wann es geeignet ist, Geschenke zu machen. Z.B. werden manche chinesisch Studenten bei Immatrikulation oder Verlängerung der Visen Geschenke geben. Denken Sie darüber: Sind die Mitarbeiter Ihre Freunde? Sie erledigen nur ihre eigenen Aufgaben und haben kein Recht, Geschenke zu akzeptieren. Ich kann jetzt in vielen Internationalbüros in dem Deutschland rote chinesischen Knoten sehen, die natürlich von chinesischen Studenten. Aber wenn Deutsche in solcher Situation Geschenke bekommen, findet sie es sehr komisch und denken sogar: Gibt es Probleme für Visen chinesischer Studenten? Weil es in Deutschland unüblich ist.	

Sehen Sie sich die Tabelle an und streichen Sie die Fehler in der rechten Spalte an. Lesen Sie danach den Text oben noch mehrmals durch und konzentrieren Sie sich bei der Korrektur jeweils nur auf ein Kriterium der folgenden Tabelle. Finden Sie noch Fehler, die Sie beim ersten Lesen übersehen haben?

Kriterium	Fragenkatalog	Zu verbessern
Satzstellung	Habe ich einen Haupt- oder Nebensatz vor mir, Verbzweit- bzw. Verbletzt-stellung?	Zweitens der einfache Satz ist die bevorzugte Satzform der Presseartikel.
Satzvollständigkeit	Ist mein Satz vollständig oder habe ich nur einen Nebensatz formuliert?	Die Hochschulen in der BRD, die über das ganze Land verteilt und im Allgemeinen in drei Hochschultypen gegliedert sind.
Artikel I	Maskulinum, Femininum, Neutrum? Kasus?	Der Spiegel ist eine politische Nachrichtenmagazin.

Artikel II	Bestimmter Artikel, unbestimmter Artikel?	Ausführliche Informationen über Entwicklung des Studiensystems werden auch im Internet gefunden.
Kongruenz Subjekt - Verb	Brauche ich Singular oder Plural?	Hierbei muss erwähnt werden, dass die Zeitungen verschiedene Perspektive und Berichtsstil haben.
Adjektive	Haben die Adjektive die richtige Endung?	Die Satzverbindung und die besondere zusammengesetzte Sätze machen zusammen einen Anteil von etwa 20 % aus.
Verbkonjugation	Ist das Verb richtig konjugiert? Wo ist das Subjekt des Satzes?	Um eine Auswertung zu ermöglichen, wird schließlich Tabellen gemacht, auf die sich meine Analyse stützen.
Präposition	Welche Präposition fordert das Verb?	Die ersten beiden Nachrichten handeln über die Festlegung der Unionsminister.
Fremdwörter	Passt das Wort in diesen Kontext?	Man soll ein Prüfungsthema wählen, das aber auch mit der Vorlesung kombiniert.
Groß- und Kleinschreibung	Sind alle Substantive und Satzanfäge großgeschrieben?	der Anfang des 21. Jahrhunderts bildet auch literarisch einen neuanfang.
Rechtschreibung	Bei welchen Wörtern bin ich mir in der Rechtschreibung unsicher?	seperat, Apperat
Tippfehler	Wo habe ich Buchstaben verdreht?	Schon zu Lebzieten war Goehte eine berümhte Pesrönlichkeit.

☞ **Übung 8**

In dem folgenden Text haben sich einige sprachliche Fehler eingeschlichen, die bereits unterstrichen sind. Korrigieren Sie die Fehler.

Die Gründe für die Unterschied liegen meiner Vermutung nach in ihren Charakter und Funktion. Der „Spiegel" ist ein politisches Nachrichtensmagazin, deshalb liegt ihre Funktion mehr darin, die Leute, die sich für Politik interessieren, über verschiedene politische Ereignisse und Kommentare zu informieren. Und dies lässt sich nicht mit einfachen Sätzen schaffen. Außerdem können solche Leute, die meistens Gelehrte sind, die komplizierte Sätze gut verstehen. Dagegen ist „Bild" eine Boulevardzeitung, deren Funktion mehr in Unterhaltung liegt. Es ist bei normalen Arbeitern beliebt. Dieser Charakter verursacht ihre kürzeren und einfacheren Satzlänge und Satzform.

Die vorliegende Arbeit untersucht nur Satzlänge und Satzformen der deutschen Presseartikel. Für weitere untersuchung wäre es mir interessanter, auf die Stilmerkmale verschiedener Presseartikel einzugehen.

☞ **Übung 9**

Lesen Sie den folgenden Text durch, unterstreichen Sie die Fehler, korrigieren Sie sie und notieren Sie am Rand, welche Art von Korrektur vorgenommen werden kann oder sogar muss.

Text	Verbesserung	Kategorie
Durch den obigen Vergleich ist zu ersehen, dass es trotz allen geografischen, kulturellen, soziologischen Unterschieden dennoch viele Gemeinsamkeiten in den Herkunften deutscher und chinesischer Phraseologischen gibt. Berümhte Werke, Mythen und Sagen, Fabel und Parabel sind gängige Qullen der Phraseologismen von beider Sprachen. Zurzeit beginnen einige Sprachenwissenschaftler schon zu versuchen, die konfrontative Linguistik aus anthropologischer Perspektive zu forschen, um die Gemeinsamkeiten zwei oder mehrerer Sprachen zu begründen. Anthropologie wird allmaehlich eine neue Forschungsrichtung der konstrativen Litatur und konfrontativen Liguistik.	kann man erkennen kulturellen und der Herkunft	zu unpersönlich Verknüpfung Singular

Allerdings sind die Differenz in den Herkunften der Phraseologismen beider Sprachen auch nicht zu übersehen. Der Unterschied in Kultur, Religion, sozialem Zustand und Denkweisen zwischen Deutschland und China führen oft dazu, dass das Volk beider Länder das Leben aus verschiedenen Perspektiven und auf unterschiedliche Weise beobachtet und empfindet. Daher weist die Quelle der Phraseologismen beider Sprachen auch etwas Unterschiedliches auf. Ein auffälliger Punkt liegt darin, dass die meisten chinesischen aus Werken berühmter Denker Politiker oder Dichter stammen. Daher kommen sie oft als eine elegante und gehobene Ausdrucksweise vor. Im Unterschied dazu entstehen eine grosse Menge deutsche Phraseologismen aus allgemein verständliche, volkstümliche Sagen und Geschichten sowie einigen deutschen traditionellen Sitten und Gebräuchen, sodass diese Phraseologismen normalerweise lebenhaft aber wenig elegant vorkommt. Dies führt dazu, dass sich die meisten deutschen und chinesischen Phraseologismen auf unterschiedlichen Stilebenen befinden.		

5. Editorische Überarbeitung

Eine Arbeit wissenschaftlich zu edieren heißt, sie entsprechend wissenschaftlicher Standards aufzubereiten. In der Bewertungstabelle sind diese Kriterien unter dem Stichwort „Form" vermerkt. Die Korrektur schließt ein: Überprüfung von Zitaten, Literaturangaben, Literaturverzeichnis, Fußnoten, Inhaltsverzeichnis, Verwendung von Tabellen, Abbildungen und Graphiken sowie Einhaltung von Rand, vorgegebenem Zeilenabstand, Typographie etc.

a) *Überprüfen der Zitate: Sind alle Zitate korrekt und einheitlich? Stimmen die Jahres- und Seitenzahlen?*

b) *Literaturverzeichnis: Ist das Literaturverzeichnis alphabetisch geordnet und enthält es alle Werke, die auch in der Arbeit verwendet und zitiert wurden?*

c) *Inhaltsverzeichnis: Ist das Inhaltsverzeichnis übersichtlich, vollständig und korrekt? Enthält es korrekte Seitenangaben?*

d) *Tabellen, Graphiken, Abbildungen: Sind Sie einheitlich beschriftet und nummeriert? Enthalten Sie Quellenangaben, wenn die Abbildung nicht von Ihnen stammt?*

e) *Typographie und andere formale Vorgaben: Haben Sie sich an die formalen Vorgaben für Zeilenabstand, Schriftgröße, Schriftart, Ränder etc. gehalten?*

6. Rechtserklärung

Die letzte Seite Ihrer Arbeit umfasst die „eidesstattliche Erklärung". Dies ist eine festgelegte Formulierung, in der Sie mit Ihrer Unterschrift erklären, den Text Ihrer Arbeit eigenständig verfasst zu haben. Sie bestätigen also,

➢ dass Sie diese wissenschaftliche Arbeit nicht von einem anderen Studierenden oder einer anderen Person gestohlen oder gekauft haben.

➢ dass Sie alleine der Verfasser der Arbeit sind.

➢ dass Sie die Arbeit selbständig verfasst haben.

➢ dass alle Texte, Textteile, Sätze, Satzteile, die nicht von ihnen stammen, als Zitate gekennzeichnet sind.

➢ dass nicht nur Textstellen, die im genauen Wortlaut übernommen wurden, sondern auch solche, deren Inhalt übernommen wurde, durch Angabe der Quelle gekennzeichnet wurden.

➢ dass sämtliche Quellen genau und korrekt angegeben wurden, egal, ob es sich um Bücher, Zeitschriftenartikel, Internetquellen etc. handelt.

☞ **Übung 10**

Schreiben Sie den folgenden Text ab und setzen Sie ihn auf die letzte Seite Ihrer Arbeit. Nachdem Sie Ihre Arbeit ausgedruckt haben, müssen Sie Ort und aktuelles Abgabedatum einsetzen und handschriftlich unterschreiben.

> Ich versichere an Eides statt, dass ich die beiliegende Bachelor-/Master-/Magister-/Diplomarbeit selbständig und ohne Benutzung anderer als der angegebenen Quellen und Hilfsmittel angefertigt habe. Wörtlich oder inhaltlich entnommene Stellen habe ich als solche kenntlich gemacht, als Zitate gekennzeichnet und die Quelle angegeben.
>
> Ich bin mir bewusst, dass eine falsche Erklärung rechtliche Folgen haben wird.
>
> _____ (Ort), den _____ (Datum) _____ (Unterschrift)

7. Zusammenstellung der Endfassung

Das Schwierige in dieser letzten Phase liegt darin, die Arbeit am Text tatsächlich zu beenden. Wenn man einen Text abschließt, ist man in der Regel nicht mehr dazu in der Lage, seine Qualität einzuschätzen. Man tendiert dazu, die Probleme des Textes überdifferenziert zu sehen. Und in der Tat: Jeder beliebige Text kann noch verbessert werden. Es ist immer eine Portion Willkür damit verbunden, ihn tatsächlich zu beenden.

Die Schlusskorrektur einer Arbeit sollte man einer anderen Person überlassen, da man in einem mehrfach überarbeiteten Test selbst nicht mehr alle Fehler entdecken kann. Man ist textblind geworden.

Korrekturen macht man schriftlich unter Verwendung der üblichen Korrekturzeichen (vgl. Duden). Wenn man eine Arbeit zum Schreiben der Endfassung weggibt, sollte man auch überprüfen, ob die Korrekturen richtig eingearbeitet sind. Bevor eine Arbeit gedruckt oder getippt ist, sind das Layout und die Titelseite zu gestalten. Auch zu dieser Frage kann man sich im Duden-Taschenbuch von Klaus Poenicke (1988) informieren.

Wenn Sie mit der Korrektur Ihrer Arbeit zufrieden sind, können Sie damit beginnen, die Endfassung zusammenzustellen. In der Übersicht sehen Sie noch einmal, in welcher Reihenfolge die Dokumente geordnet sein müssen.

1) Titelblatt Ihrer Arbeit
2) Inhaltsverzeichnis Ihrer Arbeit
3) Einleitung Ihrer Arbeit
4) Hauptteil Ihrer Arbeit
5) Schlussteil Ihrer Arbeit
6) Literaturverzeichnis Ihrer Arbeit
7) Anhang (falls vorhanden)
8) Rechtserklärung

Achten Sie darauf, dass die Seitenzahlen stimmen, falls Sie die Teile Ihrer Arbeit in unterschiedlichen Dateien gespeichert haben. Wenn Sie Ihre Arbeit ausgedruckt haben, sollten Sie sie in einer Mappe zusammenheften, damit kein Blatt verloren geht. Und sobald Sie die „Rechtserklärung" unterschrieben haben, können Sie (endlich) abgeben.

Herzlichen Glückwunsch zu Ihrer wissenschaftlichen Arbeit auf Deutsch!

Literatur

1. Arnold, Heinz Ludwig, Heinrich Detering (2003): Grundzüge der Literaturwissenschaft. 6. Aufl. München.

2. Beutin, Wolfgang, Klaus Ehlert (2001): Deutsche Literaturgeschichte. 6. überarbeitete Aufl. Von den Anfängen bis zur Gegenwart. Stuttgart.

3. Eco, Umberto (2007): Wie man eine wissenschaftliche Abschlussarbeit schreibt. 12. Aufl. Heidelberg.

4. Franck, Norbert (2004): Handbuch Wissenschaftliches Arbeiten. Frankfurt a.M.

5. Hecker, Dominik (2009): Was ist wissenschaftliches Arbeiten? http://rcswww.urz.tudresden.de/~s5954348/wiss.Arbeiten.htm (Stand: 13.11.2009)

6. Kinne, Norbert (2003): Lektürehilfen. Georg Büchner. „Woyzeck". 13. Aufl. Stuttgart.

7. Kruse, Otto (1999): Keine Angst vor dem leeren Blatt: Ohne Schreibblockaden durchs Studium. 7. Aufl. Frankfurt a.M.

8. Kürschner, Wilfried (2003): Taschenbuch Linguistik. Berlin.

9. Matzkowski, Bernd (2004): Wie interpretiere ich? Grundlagen der Analyse und Interpretation einzelner Textsorten und Gattungen mit Analyserater. 4. überarbeitete Aufl. Hollfeld.

10. Moennighoff, Burkhard, Eckhardt Mezer-Krentler (2003): Arbeitstechniken Literaturwissenschaft. 10. korrigierte und aktualisierte Aufl. Paderborn.

11. Narr, Wolf Dieter (2003): Was ist Wissenschaft? Was heißt wissenschaftlich arbeiten? Was bringt ein wissenschaftliches Studium? – Ein Brief. In: Die Technik wissenschaftlichen Arbeitens. Hrsg. v. Norbert Franck und Joachim Stary. Paderborn. S. 15-32.

12. Neues Jahrhundert, neue Herausforderung. Germanistik im Zeitalter der Globalisierung. (Beiträge der Germanistentagung Beijing 2002). Beijing 2004.

13. Neuhaus, Stefan (2003): Grundriss der Literaturwissenschaft. Tübingen.

14. Poenicke, Klaus (1988): Wie verfasst man wissenschaftliche Arbeiten? Mannheim.

15. Rothmann, Kurt (1991): Anteilung zur Abfassung literaturwissenschaftlicher Arbeiten. Neu bearbeitete Ausgabe. Stuttgart.

16. Weinrich, Harald (1994): Sprache und Wissenschaft. In: Linguistik der Wissenschaftssprache. Akademie der Wissenschaften zu Berlin. Arbeitsgruppe Wissenschaftssprache. Hrsg. v. Heinz. L. Kretzenbacher und Harald Weinrich. Berlin, New York. S. 3-13.

17. Werder, Lutz von (1993): Lehrbuch des wissenschaftlichen Schreibens. Berlin.

18. Westhoff, Gerard (2005): Fertigkeit lesen. Berlin.

19. Zhang, Yushu, Horst Thomé (2005): Literaturstraße. Chinesisch-deutsches Jahrbuch für Sprache, Literatur und Kultur. Bd 6., Bd 7 sowie Bd. 8. Würzburg.

20. 倪仁福\孔德明\司徒玉秀：德语写作教程(第三册)。南京大学出版社,南京 2001。

图书在版编目(CIP)数据

德语论文写作 / 孔德明,(德)宾德(Binder,K.),
张辛仪编著. —南京:南京大学出版社,2010.4(2021.9重印)
普通高等教育"十一五"国家级规划教材
ISBN 978 - 7 - 305 - 06827 - 0

Ⅰ. ①德… Ⅱ. ①孔… ②宾… ③张… Ⅲ. ①德语—
论文—写作—高等学校—教材 Ⅳ. ①H335

中国版本图书馆 CIP 数据核字(2010)第 045328 号

出版发行　南京大学出版社
社　　址　南京市汉口路 22 号　　　　邮　编　210093
出版人　金鑫荣
书　　名　德语论文写作
编著者　孔德明　Kristina Binder　张辛仪
责任编辑　王　慧　　　　　　　编辑热线　025 - 83592148
印　　刷　丹阳兴华印务有限公司
开　　本　787×1092　1/16　印张 12.25　字数 228 千
版　　次　2010 年 4 月第 1 版　2021 年 9 月第 6 次印刷
ISBN 978 - 7 - 305 - 06827 - 0
定　　价　39.00 元

网址:http://www.njupco.com
官方微博:http://weibo.com/njupco
官方微信号:njupress
销售咨询热线:(025) 83594756